CHRISTOPH WAGNER · PETER KELIH · **DER KARST · KRAS · IL CARSO**

Christoph Wagner · Peter Kelih

Der Karst · Kras · Il Carso

Die Landschaft. Die Menschen.
Die Küche. Der Wein.

Verlag Carinthia

1. Auflage 2004

www.verlag.carinthia.com

Lektorat: Gerhard Maierhofer, Klagenfurt
Gestaltung: Pliessnig/TextDesign
Satz und Repro: TextDesign GmbH, Klagenfurt
Druck: Druckerei Theiss GmbH, Wolfsberg

ISBN 3-85378-588-3

Inhalt

Der Wind, das Wasser, der Stein und der Wein

Ein Karstjournal

Das Wasser geht

Der Mesner des Marktes Zirknitz hat einen lukrativen Nebenberuf: Er beobachtet das Wasser des Zirknitzer Sees und läutet, sobald es zu verschwinden beginnt, die Sturmglocke der St.-Johann-Baptist-Kirche. Dann dauert es nicht lange, und schon kommen aus allen Richtungen, von den umliegenden Dörfern her, Männer, Frauen und Kinder gelaufen, die sich in höchster Eile alle Kleider vom Leibe gerissen haben und splitterfasernackt, dafür aber gut mit Körben, Säcken, Netzen und allerlei scheppernden Geschirren ausgestattet und mit einer Münze in der Hand, zur Kirche strömen. Sobald sie ihre Münze beim Mesner abgeliefert haben, laufen sie an der Kirche vorbei und weiter ins Schilf hinein, wo sich die letzten Wassertümpel allmählich ins Erdreich zurückziehen und die Fische alle Mühe haben, mit dem Tempo des Wassers Schritt zu halten.

Jetzt schlägt die Stunde der nackten Fischer von Zirknitz. Sie stellen dem zappelnden Getier mit allem nach, was sie mitgebracht haben. Einige besonders Beherzte begnügen sich nicht damit, was die Tümpel hergeben, sondern steigen tief in Erdlöcher und Felsengrotten hinab, um den größten und schönsten Exemplare nachzujagen, bevor sich diese in unterirdischen Wasseradern in Sicherheit bringen können. Tausende Fische werden auf diese Weise gefangen, und die wilde heidnische Jagd endet in einem ausgelassenen Fest, sehr zum Unmut der Mönche des nahen Kartäuserklosters, deren beharrliches Predigen wider die Schamlosigkeit der Zirknitzer wieder einmal nicht das Geringste genützt hat.

Wenn der See dann allerdings, schon wenige Monate später, wiederkommt und die Herbstgewitter so heftig ausfallen, dass die Blitze im See oft ganze Fischschwärme töten, dann wissen die Kartäuser genau, wie sie den dabei aufkommenden Schwefelgeruch zu deuten haben.

Zumindest geahnt hat das auch Johann Weikhard Freiherr von Valvasor, der berühmte Geograph und Reiseschriftsteller der Renaissance, der diese und andere »Geheimnisse des Zirknitzer Sees« 1689 in seinen »Traumreisen und Grenzermessungen« dokumentiert und minutiös beschrieben hat.

Seither hat sich allerdings so manches, und keineswegs nur das Schamgefühl der Zirknitzer, verändert.

Der Stein bleibt

So reich der Karst an Steinen ist, so arm ist er an Wasser. Man sieht, wenn man ihn vom Osten Triests bis zu seinen Ausläufern westlich von Ljubljana durchquert, nur wenig davon, und wenn, dann lagert es in unterirdischen Speichern oder träufelt in dünnen Fäden die Wände rostrot gesprenkelter Felsengrotten hinab.

Der Karst, sagen viele, sei dort, wo kein Wasser ist. Dennoch ist das Wasser im Karst allenthalben zum Greifen nah. Es sammelt sich, oft nur eine Kirchturmlänge unter dem Fußboden, in unterirdischen Domen und Felsentriften, und es liegt als salziger Meeresgruß in der dampfenden Luft und auf den Lippen der Karstbewohner.

Karst ist allerdings nicht nur dort, wo das Wasser geht, sondern auch da, wo der Stein bleibt. Karra – so lautet die indoeuropäische Wurzel, auf welche die Etymologen das Wort Karst zurückführen. Weltweit steht dieser Ausdruck für typische Karsterscheinungen wie Tropfsteinhöhlen, unterirdische Quellen, vom Erdboden verschluckte und wieder frei gegebene Flüsse und Seen sowie Dolinen, auch Foibe genannt, eingestürzte Erdgrotten, die wie von Karstgestrüpp überwachsene Mondkrater aussehen und, wie der Dichter Ernst Decsey es einmal treffend ausdrückte, die »natürlichen Schützengräben des grauen Landes« inmitten des »Steinsplittermeers« sind.

Dass all diese Erscheinungen in den Gebirgen hinter Triest von der sagenumwitterten Adelsberger Grotte in Postojna über die Grotta Gigante bei Triest bis hin zur berühmten »Dante-Grotte« von Tolmein besonders konzentriert auftreten, hat indessen – allen mythologischen Interpretationen zum Trotz – einen recht prosaischen Grund: Von den alten Römern bis zu den Venezianern galten die bewaldeten Gebirgsketten im Nordosten der Adria als Ressource für den Schiffsbau und wurden mit der historischen Gnadenlosigkeit aller sich im Recht Glaubenden ausgebeutet. So blieben von den Wäldern nur karge Felsenböden aus Kreide- und Eozän-Kalken, die Ziegen, Schafen und Schweinen als dürre Weiden dienten.

Die Italiener nennen diese eher reduzierte als bukolische Landschaft noch einigermaßen melodisch »Il Carso«, die Slowenen sagen, onomatopoetisch wesentlich herber, »Kras« dazu. Doch hier beginnt auch schon die Begriffsverwirrung. Während man Karstgebiete im rein geologischen Sinne über den gesamten westlichen Balkan verbreitet findet, so bestehen die Einwohner des Kernkarsts darauf, dass dieser nur das Gebiet der feuchten »roten Erde« (ital. Terra rossa) bezeichne, das die Stadt Triest wie ein Gürtel von Črni Kal und San Dorligo über Sežana, Dutovlje, Štanjel und Komen bis hin zur Meeresküste bei Santa Croce, Sistiana und Duino umschließt.

Stein, das kann jeder Fragende von jedem hier Ansässigen erfahren, ist kein Zustand, sondern ein Lebewesen. Wenn die Karstner über Stein sprechen, so reden sie darüber wie über Frauen, Freude, Leid, Trauer, Wehmut. Alles ist im Stein. Und man benötigt, so sagen die Karstner, Hände wie Schaufeln, um sich den Stein untertan zu machen.

SLO
DURACE
Primorje in Kras
DALMATIEN - 2

NOVLJENA 1992.
ZA ČASA ŽUPNIKA
IVANA FURLANA

GAMBA
TL
GAMBA

GAMBA
TM
GAMBA
TL
AMF

Jedes bessere Dorf unterhält bis heute seinen eigenen Steinbruch, und jeder Stein ist anders, auch die Steine selbst tragen, je nach Herkunft, eigene Namen. Der Siha ist rötlich, der klassische Repan eher weiß bis grau. In allen Fällen handelt es sich um metamorphes, oft auch gräulich-gelbes Sedimentgestein, das für Fenster und Türblöcke, Portale und Grabsteine verwendet wird.

Der Stein ist im Karst Notwendigkeit. Die Karstner haben den Stein niemals als leicht formbare Masse erlebt. Die Kunst, aus Steinen Ideen zu formen, gehört daher auch anderswohin, nicht in den Karst. »Der Karst ist ein armer Platz«, sagt Aleš Tragin aus Brje pri Kmonu, einer der größten Steinmetze der Region. »Selbst Karstbewohner, die außerhalb ihrer Heimat, in München oder in Paris, als Bildhauer berühmt waren, hörten mit ihrer Kunst augenblicklich wieder auf, sobald sie in ihre Heimat zurückkamen, und widmeten sich stattdessen wieder Stiegenaufgängen, Brunnenrändern, Toreinfassungen und offenen Kaminen.«

Obwohl es schon vorkommen kann, dass beim einen oder anderen Steinmetz auch in der so genannten Gebrauchskunst hin und wieder ein Götterfunke zündet – beispielsweise dann, wenn ein Steinblock plötzlich die Form eines Blitzes annimmt.

Ein heidnisches Opfer an Jupiter, den Herrn der Blitze, womöglich?

Nein, ein Grabstein für den unlängst verstorbenen Leiter der örtlichen Elektrizitätswerke.

Die Bora kommt

Auf der langen Reise von Wien über Ljubljana nach Triest galt der Karst seit je als der gefährlichste Abschnitt. Das lag nicht nur an Räuberbanden und Wegelagerern, denn die gab es anderswo auch. Es lag vor allem an der Bora, die gerade von den Fuhrleuten immer wieder einen hohen Blutzoll forderte.

Die Bora, slowenisch Burja, ist, wie der Dichter und poetische Chronist des Karst, Srečko Kosovel, es einmal beschrieb, jener Wind, der mit seiner unbändigen Kraft »die Bäume entwurzelt, die Schiffe versinken lässt und Rastlosigkeit in die Seelen der Menschen bringt«.

Die Bora konnte, wie man aus alten Kriegsberichten weiß, die Pfeile und Speere einer ganzen Kohorte von ihrem Ziel ablenken. Sie bricht schnell und kaum vorhersehbar ein, indem sie sich von den Karsttälern des Nordostens her kommend mit einer Geschwindigkeit, die statistisch bis zu 100, nach Auskunft der Karstbewohner jedoch bis zu 180 Stundenkilometer erreichen kann, als Fallwind von den Karstbergen bis ins Küstenland herabsenkt und, oft bis zu fünf Tage lang ihr Unwesen treibend, schwerste Schäden anrichtet. Wo sie wütet, können selbst die stärksten Männer nicht mehr im Freien stehen, und nur »für die Ewigkeit gebaute« Steinhäuser können ihr ohne Substanzverlust widerstehen – was die Karstarchitektur auch nachhaltig geprägt hat.

Die Burja ist auch die Mutter der Karstselektion. Was man darunter versteht? – Ein effektives Ausleseverfahren zur Senkung der Arbeitslosigkeit durch gezieltes Aufstellen von Blumentöpfen an strategisch geeigneten Fensterbrettstellen. Dann braucht man nur noch auf die Burja zu warten, und das Problem löst sich von selbst.

So viel zum Thema Humor im Karst.

Und mit der Bora kommt auch der Pršut

Die Bora hat auch ihre angenehmen Seiten. So taucht sie das Adriatische Meer etwa, solange sie umgeht, in sein kitschigstes Blau und hinterließe, wären da nicht die Algen, sogar den Eindruck, das Meer sei durchsichtig.

Vor allem aber gibt die Bora den Karstnern zumindest einen Teil dessen, was sie durch ihr Wüten zerstört hat, in Form von Karstschinken wieder zurück. Denn fast alles, was den Rohschinken zum Karstschinken macht, verdankt dieser der Bora, die für den Pršut das Gleiche bedeutet wie der kalte Sandwind aus der Wüste Gobi für die Peking-Ente.

Niemand weiß das besser als Marko Fon aus Brje, einer der »jungen Wilden« unter den Terán-Winzern des Karst, dessen eigentliche Leidenschaft jedoch dem Pršut gehört.

Stolz zeigt Fon seine Kaluna her, jene Portaleinfassung seines Weinguts Vinogradi, in deren Prellstein die Jahreszahl 18 IHS 32 eingraviert ist. Die Kaluna ist die Visitenkarte jedes Karsthauses. Die meisten dieser Häuser sind alt, auch jenes von Marko, das allerdings schon bald renoviert werden soll. Wie die meisten Karstner ist nämlich auch Fon gerade am Bauen. Wer hier keine Mischmaschine im Hof stehen hat, der hat es entweder schon geschafft oder er wird es wohl nie schaffen.

Auch der alte Weinkeller, in dem Fon seine gezählten 25 Schinkenkeulen zwei bis drei Jahre lufttrocknen lässt, ist alt – und vor allem gut durchlüftet. Das muss er auch sein, damit sich der hier gelagerte Schinken von der Burja durch das nach Norden weisende, durch ein Gelsengitter vor Ungeziefer schützende Fenster ausgiebig streicheln lassen kann. »Burja gibt's drüben in Italien keine«, sagt Marko Fon lächelnd. »Darum ist der Prosciutto aus San Daniele auch ein Faserschmeichler, während der Karstschinken seine Ecken und Kanten, aber auch entsprechend viel Geschmack hat.«

Nicht nur die Menschen, auch die Schweine leben anders hier im Karst. Da ist nichts von der schlaraffischen Üppigkeit der fruchtbaren friulanischen Böden. Das Karstschwein ernährt sich so karg, wie die Umgebung es vorschreibt, dafür aber auch so würzig, wie sie es – mit Rosmarin, Salbei, Melisse, Minze, Erika, Thymian, Schlehdorn und Wacholder alles andere als geizend – zulässt.

Das »Fetteste«, was das Schwein an Futter bekommt, ist die Rucola. Und selbst die essen ihm, seit sie während der letzten Jahre immer mehr in Mode gekommen ist, die Touristen weg. Das Karstschwein ist daher, wenn es – mindestens 18, höchstens aber 24 Monate alt – zur Schlachtbank geführt wird, keine »fette Sau«, sondern mit seinen 160 kg ein durchtrainiertes, muskulöses Tier.

Auch in der Fleischverarbeitung unterscheidet sich der Karst vom benachbarten Friaul, wo jeder Schinken zunächst einmal unter einer dicken Mehlschicht vor zu viel Luft versteckt wird und dadurch innen saftig und weich bleibt.

»Karstschinken darf nichts Weibliches an sich haben«, sagt Marko Fon, »er muss kraftvoll und viril sein.« Deshalb bekommt er als Würze auch lediglich schieres Salz auf die Haut, wird dafür aber regelmäßig auf Wohlgeruch geprüft. Fon bedient sich dabei, wie schon seine Vorfahren, eines vorne wie eine Nadel spitz zulaufenden Pferdesporns. Mit diesem sticht er vorsichtig ins Fleisch, nimmt eine Geruchsprobe, atmet tief durch – und verreibt die zugefügte »Wunde« gleich wieder mit Salz.

Die ersten sechs Monate seiner Reifezeit verbringt der Karstschinken jedoch nicht im Lagerkeller, sondern er hängt unter dem Dach im Wind. Dem Schinken ist dabei jede Art von Burja recht. Weht sie mit dreißig Stundenkilometern, so gilt sie als erfrischend und nützlich. Steigt ihr Tempo auf 150 km/h, sagt Fon, »so kann es zwar passieren, dass der Schinkenmacher vom Winde verweht wird, der Schinken fühlt sich aber noch immer wohl«.

Das wahre Geheimnis der Schinkenerzeugung besteht in der Wahl des richtigen Zeitpunkts, an dem man den Schinken vom Dachboden in den Keller übersiedelt. »Man darf dabei nicht nur seinen Kopf bemühen, sondern man muss auch seinen Bauch gebrauchen«, sagt Fon. »Erwischt man es ein paar Tage zu spät, wird der Pršut steinhart; ist es zu früh, verliert er seine Haltbarkeit und geht kaputt. Erst das Erkennen des richtigen Moments macht die Pršuterzeugung zur Kunst. Sonst wäre es Industrie.«

Wer allerdings zu lange wartet, ist kein Künstler, sondern hat, wie man in dieser Gegend sagt, zu viel Terán getrunken, und er bezahlt diese Fehlleistung mit wesentlich mehr als nur einem Schinken, der nicht schmeckt: »Die Karstner selbst essen keinen Pršut, sondern begnügen sich mit Pancetta, minderwertiger Wurst, Schweinsohren oder Schweinshaxensülze«, sagt Fon. »Auch ich koste nur, ob er gut geraten ist, und verkaufe den Schinken dann weiter.«

Dann lacht er aus voller Brust: »Um ein Stück Pršut, sagten schon meine Großeltern, da kannst du dir ein ganzes neues Schwein kaufen.«

Unter Räubern

Das Wörtchen Ravbar, auf Deutsch: Räuber, findet sich in der Landwirtschaft Radot Ravbars, die gleichwohl durchaus ehrlich erworben ist, allenthalben. Eine Inschrift datiert aus dem Jahre 1809, eine noch ältere aus 1742. Hier in Voglje, am Westrand des slowenischen Karsts, sind die Räuber schon eine ganze Weile los. Radot Ravbar ist einer, mit dem es das slowenische Wirtschaftswunder offensichtlich gut gemeint hat. Sein Ansitz spiegelt, kaum hundert Meter von der italienischen Grenze entfernt, Prosperität wider, auch wenn Herr Ravbar die wirklich eindrucksvollen Versatzstücke, den aus einem alten Balkonboden hergestellten, blank polierten Marmortisch, die kunstvoll in Naturstein gemeißelten Stiegenaufgänge, die Kassettendecke über den wohlgedrechselten Eingangstoren durchwegs in Eigenregie hergestellt hat.

Er ist ja auch ein Tausendsassa, dieser Herr Radot, ein Schinken- und Salamiproduzent großen, aber nicht zu großen, keinesfalls jedoch industriellen Stils, ein Terán-Winzer der oberen Mittelklasse, ein Hobby-Steinmetz und Schweinezüchter, ein Mann also für jede Jahreszeit.

Dabei ist sein Anwesen gar nicht auf festen Grund gebaut. An vielen Orten werden die Bruchstellen der Dolinen sichtbar, die den Unterbau des Gutshofs bilden und zwischen der roten Teránerde und dem bleckend weißen Kalk der Karstregion verlaufen. Einer der Lagerkeller mündet nicht nur in eine dekorative rote Höhle, sondern eröffnet durch einen vergitterten Fußbodenschlitz sogar den Blick in die 17 Meter tiefe Tropfsteinhöhle, die mitsamt ihren

Stalaktiten und Stalagmiten den eigentlichen Keller des Hauses bildet.

Dass der Pršut auf so porösem Fundament besonders aromatisch wird, lässt sich denken. Was Radot Ravbar von den im Hof deutlich hörbar quiekenden Schweinen – und zuweilen auch von befreundeten Wildschweinjägern – bekommt, legt er, ob Keulen, Zungen, Ohren, Rüssel oder Karree, zunächst in eine mit Salzwasser gefüllte Truhe, die er mit einem Brett und einem riesenhaften Terra-rossa-Ziegel beschwert. Nach diesem dreiwöchigen Bad werden die gesurten Fleischstücke zunächst kühl gelagert und dann in luft- und winddurchlässige Kammern zum Trocknen gehängt.

Als wären sie beim Barras angetreten, reifen die Schinkenkeulen im Gleichschritt heran. Die Bauchfleischrenken baumeln indessen locker von der Decke, bis die Fettschwarten wettergrau werden und sich die Textur der Speckseite kaum noch von jener der darunter liegenden Verwitterungsböden unterscheidet. Daneben bewegt sich im fahlen, durch die Milchglasfenster einfallenden Herbstlicht ein ebenso skurriles wie makabres Perpetuum mobile aus Innereien, Ohren und Rüsseln, die in der Luft zu tanzen scheinen.

Böse Geister

Was ist es, das man allenthalben unter diesen doppelten, drei-, zehn-, ja hundert- und tausendfach wie Millefeuille gefalteten

Karstböden zu spüren glaubt? Ist es die Kraft des Wassers, das unterirdisch in die Vertikale wie auch in die Horizontale drängt und dafür sorgt, dass die rote Erde und der weiße Kalk stetig in Bewegung bleiben? Oder soll man lieber Dante Alighieri Glauben schenken, dem angesichts des Abstiegs in die Grotte von Tolmein die berühmten Verse einfielen:

> So nahmen wir den Weg durchs Steingerölle;
> Und unter meinen Füßen gab's oft nach,
> Da ungewohnt die Last war für die Hölle.

Dante, dessen Gehirn als Festplatte, auf der sämtliche seiner Zeit bekannten Mythen gespeichert waren, sicherlich nicht ganz falsch beschrieben ist, fiel, den unsicheren Karstboden unter den Füßen, also die Hölle ein – und damit ausgerechnet jener Ort, den ein zunehmend selbstbewusster werdendes Christentum zur Müllverbrennungsanlage für heidnisches Gedankengut bestimmt hatte.

Spätestens seit damals präsentiert sich der Karst als geduldiger Abladeplatz für mythisches Geröll unterschiedlichster Art, auf dem sie alle bequem Platz finden, die alten Helden: Jason und seine Argonauten etwa, die ihr Goldenes Vlies schon bis an die Donau geschafft hatten, als es mitsamt seinen Überbringern vom unterirdischen Karstfluss Timavo wieder zurück in die Adria gespült wurde. Auch Herkules soll hier gewesen sein und Diomedes, der Schlachtgefährte des Odysseus, dessen Rosse Menschenfleisch fraßen, nicht zu vergessen.

Aber Götter und Helden lassen sich nun einmal, selbst wenn ihre Zeit vorbei ist, nicht so leicht entsorgen wie Tetrapacks und Staubsaugersäcke. Sie spuken als Sondermüll weiter in den Gehirnen herum und erhalten immer wieder neue Namen. Der Volkodlak etwa durchstreift als Werwolf die Karstschluchten, während sich in den unterirdischen Grotten des Zirknitzer Sees nicht nur die Geister von Hero und Leander begegnen, sondern auch der Pozoj haust, jener Lindwurm, dessen Verwandte einst auch den Wörthersee unsicher machten. Dann ist da noch Mora, die todbringende Drud, die sich nächtens auf das Brustbein ihrer Opfer hockt. Oder Nétek, der Vielfraß; Glodez, das Nagegespenst; Kurent, der ewige Säufer; natürlich auch Mitalo, der Hundsgott, der sogar das Meer zum Überlaufen bringen kann.

Und Vampire sind da, jede Menge Vampire, allein schon wegen der Wölfe und der Fledermäuse, dem Corps de Ballet der Karstbühne. Doch die Karstner wissen ein besseres Mittel gegen sie als Bram Stoker: Man entnimmt dem Grab eines Vampirs ein Stückchen Erde und verwendet diese als Zutat für den täglichen Speiseplan. Dann sollte eigentlich nichts mehr passieren.

Die Katakomben des Karst sind voll von solchen Bewusstseinsablagerungen. Manchmal treten sie, wie im mittelalterlichen Totentanzfresko, das im Bergkirchlein von Hrastovlje zu sehen ist, auch ans Tageslicht. Die unterirdischen Karsthöhlen bergen, wie das Tagebuch des k.u.k. Soldaten und Kammersängers Julius Pölzer, der im Ersten Weltkrieg an den Isonzo abkommandiert war, allerdings auch ganz reale und daher wesentlich stärkere Bedrohungen: »Obgleich der Boden felsig war, lag drinnen eine äußerst zähe und schmierige, braunrote Lehmschicht, welche der fortwährende Gussregen aus den Gesteinsfalten zusammengeschwemmt hatte. In dem Granattrichter stand dieser scheußliche, mit Leichenteilen wie Handfleischfetzen, Därmen, Schädeln, Rippen und halb verwesten Menschenfleischstücken untermischte Morast oft mannstief. Darin schwammen aufgedunsene Leichen herum, deren Fleisch schon in verfaulten Fetzen von den Schädelknochen fiel. Wenn sich dann, besonders nachts, ein Schwerverletzter mit dem letzten Rest von Kraft zum Hilfeplatz schleppen wollte, fiel er in so einen Teich, der wie eine Fallgrube wirkte, und ersoff elendiglich.«

Wenn man Marko Fon, den jungen Winzer und Pršut-Macher, auf die Karstgrotten des Unbewussten anspricht, zuckt er erfreulich unbelastet mit den Schultern und meint nachdenklich: »Ja, das Leben hier im Karst war früher sehr schwer. Heute ist es ein bisschen leichter.«

Schlafende Schöne

Das 1911 erbaute Hotel Savoia Excelsior öffnet sich in all seiner Pilasterverliebtheit über den Molo Audace zum Golf von Triest hin und lässt den Karst dahinter allenfalls ahnen. Allenfalls bedeutet: Gleich im Foyer des Savoia hängt ein recht großflächig dimensioniertes Ölgemälde aus der Zeit der Hotelgründung, auf dem man eine Gruppe von Triestiner Bürgern dabei beobachten kann, wie sie mitten im Karst ein Picknick abhalten. Das Bild ist von seinem künstlerischen Gehalt nicht mit Manets »Dejeuner sur l'herbe« vergleichbar, aber was die kargen Genüsse des Karst betrifft, dennoch aufschlussreich. Eine Frau in einem eng anliegenden blauen Kleid wendet sich von drei Männern ab, die Rotwein – anzunehmen Terán – trinken und dabei Heringe, Brot und Käse essen. Die Frau schläft, während die Männer eine tiefe Melancholie zu verbinden scheint. Das sind keine Faunsgesichter, die da gezeigt werden, sondern ernste Mienen. Das Sinnlichste an diesem Bild sind die Weinberge, die die Menschen hier allerdings weniger lustig als nachdenklich zu stimmen scheinen.

Auch die nackte Schöne, die aus ihrem schmucken Medaillon heraus die Gäste des Cafés San Marco in Triest beobachtet, hegt keine lüsternen Absichten, hat aber im Gegensatz zur picknickenden Karstgesellschaft immerhin eine Funktion – symbolisiert sie doch als wohlgeformte Allegorie jenen Fluss, der die Hochgebirgs-

SALE

stöcke der Alpen über den Karst hinweg mit dem Golf von Triest wie eine schmale Fuge aus unergründlich tiefblauem Aquamarin zusammenhält.

Was freilich erstaunt, ist, dass man der freizügigen Kaffeehaus-Beauty gar nicht anmerkt, wie schwer ihr das gerade in dem Jahrhundert, das sie zu der aus den Fluten des Isonzo geborenen Venus wählte, gefallen sein muss.

Oder sollte sie etwa auch geschlafen haben?

Der Karst beginnt nicht komisch

Mario Suban ist ein soignierter und selbstbewusster, aber dennoch auch herzlicher Patron, der seine Antica Trattoria dort, wo an den Hängen von Triest der Karst beginnt, nun schon in der sechsten Generation führt, und das seit 1865.

Wenn man ihn nach seinen Kalbsinnereien fragt, weiß er, dass man wohl schon einmal hier gewesen sein muss, und wird noch zugänglicher. Dann erzählt er von den vier italienischen Staatspräsidenten, die er bereits bewirtet hat, vor allem vom Papst, der ebenfalls schon da war. Nicht ganz da, sondern in einem Nonnenkloster in der Nähe, aber immerhin: Für das Catering hat Suban gesorgt. Es gab jungen Salat, Basilikumpalatschinken, Rinderfilet mit Spargelsoufflé und die nach dem berühmten Gast so benannten Dolce del Papa, der auf dem Foto gleich neben dem

Eingang durchaus so wirkt, als habe ihm das alles ausgezeichnet gemundet.

Die Speisekarte des Suban hat sich während der letzten zwanzig Jahre kaum verändert, die Zubereitung mancher Speisen ist allerdings etwas leichter geworden, und die gegrillten Innereien sind nicht mehr cross und durch, sondern zart und saftig.

Die Küche ist seit je, was man etwas schwammig als mitteleuropäisch bezeichnet, will heißen: slowenisch, italienisch, ungarisch, österreichisch, vielleicht sogar – man denke an den Apfelstrudel – in erster Linie österreichisch. Die Fusi mit Kaiserfleisch sind geschmacklich jedenfalls schon in beachtlicher Nähe der Wiener Schinkenfleckerl angesiedelt. Und mit den Pignoli im Gänsebrust-Salat grüßt der nahe Orient.

Auf die Frage, warum der Suban ausgerechnet in der Via Comici liegt (»War hier früher ein Theater?«), hat der Patron übrigens eine schlüssige Antwort: Comici war der Name jenes Alpinisten, der im 19. Jahrhundert vom Meer ins Gebirge aufsteigen wollte und auf der Höhe des heutigen Suban verstarb.

Eigentlich gar nicht komisch.

Elias und die Frösche

Wer am Postamt von San Dorligo bei Triest nach Olivenöl fragt, dem kann es leicht passieren, dass er in ein langes

Gespräch verwickelt wird. Eine der Postbeamtinnen ist nämlich selbst Olivenölerzeugerin, auch wenn sie dieser Leidenschaft, wie sie einschränkt, nur für den Privatgebrauch frönt. Aber wo dein Schatz ist, dort ist auch dein Herz, heißt es schon bei Matthäus 6,21, oder populärer: Wes Herz voll ist, des Mund geht über.

Und die Beamtin hat ein ganzes Maulvoll Olivenöl am Herzen.

Begonnen hat es eigentlich mit dem Olio Celo der Azienda Agricola Sancin in San Dorligo, Dolina 360, das längst zu den italienischen Spitzenprodukten seiner Art zählt. Doch mittlerweile ist Karstöl trendy geworden, und man bekommt es in Orten mit seltsamen Namen, die man niemals in Italien ansiedeln würde, wie etwa Mackovje, Boljunec oder Kroglje. Ja sogar Hochwürden Boris Pangerc, seines Zeichens Pfarrer von Dolina, presst bereits sein eigenes Öl.

Wer die Olivenöle der Region kennen lernen will, der tut dies am besten in der Locanda Mario, einer ziemlich abgeschiedenen Lokalität im einsamen Karstweiler Draga S. Elia, der früher, als noch eine Dampflok hier herauf führte, allerdings auch schon bessere Zeiten gesehen hat.

Doch das ist lange her, und davon kündet nur noch die alte Postkarte, die am Buffet der Locanda verkauft wird. Sie zeigt einen »feurigen Elias« im Wolkenkleid und vermag bei Aficionados altösterreichischer Eisenbahnromantik die Herzen zum Dampfen zu bringen.

Als es mit dem Blasen von heißem Dampf dann eines Tages vorbei war, musste Mario, der Gründer der Locanda, sich allerdings einen guten Grund überlegen, um seine Gäste hier herauf in die hoch gelegene Einöde, knapp an die slowenische Grenze zu locken. Seine Wahl fiel auf Frösche und Schnecken, die er früher, ebenso wie die berühmten Wildspezialitäten des Hauses, aus eigenen Beständen rekrutierte, aber mittlerweile aus Brescia bezieht. Dazu gesellt haben sich noch Pferdesteaks und andere Köstlichkeiten, und so hat sich die Locanda Mario allmählich als ein kleines Paradies für Gourmands und Gourmets entpuppt, die mehr als das Übliche und vor allem das Besondere wollen.

Adriana, die schwarz gelockte Bacchantin, die diese Genüsse kredenzt, gebietet auch über einen ansehnlichen Weinvorrat, von dem der neugierige Karstwanderer aber keineswegs nur die teuren Preziosen kosten sollte, sondern, wie wir, vielleicht einen autochthonen Dolina bianco oder Dolina rosso von Rado Kočjančič aus Kroglje, der auch eines der kraftvollsten Olivenöle der Region zustande bringt.

Der Dolina bianco ist einfach, erdig, schmeckt fast ein bisschen geräuchert und ist, wenn ich das richtig verstanden habe, ein gemischter Satz aus der Vitovska- und der Malvasia-Rebe, der – wie auch sein einfaches Etikett unterstreicht – nicht mehr zu sein vorgibt, als er ist. Er setzt dem neugierigen Gaumen des Karstgenießers auch keinen sonderlichen Widerstand entgegen, braucht dafür allerdings auch nicht unter Aufbietung größeren önologischen Brimboriums gebissen zu werden.

Der Dolina rosso ist ein ebenfalls recht schlichter Rotwein, im Vergleich zum karstigen Terán säureärmer und süffiger; wie sein weißer Vetter ein Wein, der einem nicht mehr über sich erzählen will, als tatsächlich in ihm steckt.

Beide Dolinenweine begleiten daher auch ein keineswegs raffiniertes, aber gerade in seiner Schlichtheit denkwürdiges Menü aus einer sehr dottrigen und ziemlich heftig gewürzten Schnecken-Frittata, Spaghetti mit Froschsugo, Schnecken aus dem Ofen, Schneckenragout mit Polenta und einem saftigen Filetto di Cavallo, das wir mit ein wenig geschrotetem Pfeffer und etwas mehr Celo-Olivenöl genießen.

Zum guten Schluss gibt es einen (wir weilen immerhin noch auf dem Gemeindegebiet der Espressometropole Triest) ziemlich perfekten Espresso Doppio sowie einen der ortsüblich scharfen Wacholderschnäpse – und als Draufgabe ein Gedicht mit auf den Weg, das gleich neben dem Eingang prangt:

LOGHI
Stradele Carsoline
Curiose, torzolione
Lasseme scarpinar sui vostri sassi
Fé in modo che no passi
Che ho me passi mai
La voia de vardarme sto mio Carso
Con oci inamorai. *(S. Pirnetti)*

ORTE
Wege des Karst
eigenwillig, spröde
lasst mich auf euren Steinen wandern
macht, dass mir nicht vergehe
dass mir niemals die Lust vergehe
mit verliebten Augen
diesen meinen Karst zu sehen.

Karstinspektion

Der Karst ist nicht nur eine Wein-, sondern auch eine Kaffeegegend, was durch die folgende Geschichte, die sich tatsächlich zugetragen hat, nur einmal mehr bewiesen wäre: Eine Triestiner Familie fuhr am Sonntag felsenwärts in den slowenischen Karst und breitete an einer schönen Stelle eine Picknickdecke aus. Man hatte neben einem Picknickkorb auch eine kleine, akkubetriebene Espressomaschine mitgebracht, die nach vollendetem Mahl auch in Betrieb genommen wurde. Als alle ihren Espresso schlürften, kam ein Wandersmann des Wegs und bat um einen Kaffee. Der wurde ihm auch nicht verweigert. Der Wandersmann kostete und gab den Türkentrank auf schnellstem Wege wieder dem Erdreich zurück, worauf er lauthals »Ché spitto« rief, was so viel wie »das kann man nur ausspucken« bedeutet.

Daraufhin entschuldigte er sich bei der etwas verdutzten Familie damit, dass sein Name Riccardo Illy und er der Besitzer der gleichnamigen Kaffeerösterei sei. Und im Übrigen sei es eine Schande, was für schlechter Kaffee immer noch im Umlauf sei.

Die Familie sah das ein und trinkt seither nur Kaffee von der Familie Illy, mit der sie dem Vernehmen nach mittlerweile auch bestens befreundet sein soll.

Cuguluf und schinco

Zwischen Wien und dem Karst verlaufen bis heute kulinarische Verbindungslinien, die zwar nicht sichtbar sind, sich aber dafür schmecken lassen. Um ihnen auf den Grund zu gehen, reicht ein kurzer Blick in ein typisches Triestiner Kochbuch wie etwa Maria Stelvios 1927 erschienene »Cucina triestina« oder Mady Fasts viel später ediertes »Trieste a tavola« – und schon beginnt die drahtlose Telegraphie der Düfte und Geschmäcker mit ihren meist nur orthographischen Übermittlungsfehlern.

Suchen Sie unter »buchtel« – und Sie werden ebenso fündig werden wie beim Blättern nach »chifel«. »Dal tedesco kipfel« erklärt das Kochbuch vorsorglich. Wen wundert es da noch, dass die Triestiner Hausfrau auch ein »coch di gries di indubbia origine austriaca« zuzubereiten vermag, oder »crafen«, eine enge Verwandtschaft des Wiener Faschingskrapfens.

Zur Jause isst man im Triestiner Kaffeehaus, das seine Wiener Wurzeln ebenso wenig verleugnen kann, einen »cuguluf«, zuweilen auch »kugelhupf« genannt. Nicht ohne Amüsement liest der Wiener die ungewöhnliche Schreibweise »schinco«, den der Italiener sehr wohl von »Prosciutto« oder »persut« zu unterscheiden weiß und mit dem daher auch die »schinkenflecken« gemacht werden. Vom weißen Triestiner »gulasch« wird später noch die Rede sein. Hinzuzufügen wäre bloß, dass es in Triest natürlich auch ein (rotes) »wiener saftgulasch«, ein »gollash senza molta paprika«, ein »manzo all' ungharese-gulyas« und eine »gulaschsuppe« gibt. Auch ein »gulasch duved« aus Schweinefleisch, Schweineschmalz, Pfefferoni, Zwiebeln und Tomaten findet man.

Österreichischen Ohren vertraut klingt schließlich die Bezeichnung »caiserflais«. Letzteres ist in Triestiner Lokalen wesentlich häufiger auf den Karten zu finden, als dies leider mittlerweile in Wiener Beiseln der Fall ist. Es handelt sich allerdings auch nicht um exakt das gleiche Gericht: Während Kaiserfleisch in Österreich immer ein Bauchfleisch ist, so versteht man im Karst darunter ein Selchkarree. Auch der »schnaps«, der recht gut dazu passt, ist im Karst stets ein Trauben- und niemals ein Obstbrand.

Der »caiser« ist jedoch immer noch identisch mit dem Kaiser. Zwischen Friaul und Istrien bis heute omnipräsent, leiht er dem »kaiserschmarren« seinen Namen. Fast noch populärer sind allerdings palacinche und strucolo – Palatschinken und Strudel –, zwei Desserts, ohne die ein Kücheninventar im Großraum Triest ebenfalls unvollständig wäre. Bleibt nur noch die »schnitte« oder »šnite« zu erwähnen, die in der ländlichen Karstküche auch unter dem Ausdruck »povesen« gebräuchlich ist, was auch einige Rückschlüsse auf ihre tatsächliche Rezeptur zulässt.

Aber Vorsicht: All diese Köstlichkeiten sind keineswegs immer schriftlich niedergelegt. Manchmal bedarf es auch eines gewissen pfadfinderischen Spürsinns, um sie zu finden. Speisekarten sind die Sache der Triestiner nicht. Padrone und Padrona entpuppen sich vielmehr als wahre Herolde ihrer Kochkunst, wenn sie sich in Positur werfen und die Speisenfolge aufsagen, als rezitierten sie Dantes »Divina Comedia«.

Ciao fanti

Das Rotkehlchen ist, wie literarische Feinspitze spätestens seit Umberto Sabas »Canzoniere«, seiner so monumental wie minimalistisch angelegten lyrischen Hymne an Triest und den Karst, wissen, in dieser Gegend besonders frequent. Es verwundert daher auch nicht, wenn die Osteria »Il Pettirosso« in Santa Croce so benannt ist und der namengebende Vogel auf einem Ast direkt über der Schank sitzt. Tatsächlich sollte man nicht sagen, es sitzt, sondern es steht. Denn wie alle Vögel ist auch das Rotkehlchen dazu verurteilt, ein Leben lang entweder zu fliegen oder zu stehen. Ein Vogel, der sitzt, ist tot.

Auch im Pettirosso sitzen nur die Gäste. Der Wirt und Koch, Emiliano, kommt in seinem Bemühen um dieselben nicht zur Ruhe. Er beherrscht die regionale Fisch- ebenso wie die Fleischküche, und er ist einer der wenigen in der Region, die auch die Desserts noch selber machen, anstatt sie im Großmarkt einzukaufen.

Die wahre Perle des Hauses ist jedoch die aus Slowenien stammende Frau Aida, die ihre Partie in mehreren Sprachen zu singen versteht, stets Rat weiß und heute Musoli, auch arche di Noè genannt, empfiehlt, ein recht archaisches Schalentier, das es selbst an diesen begünstigten Karstklippen nur höchst selten gibt. Musoli sehen aus wie unregelmäßig geformte, kleine schwarze Schatullen, und der Schatz, den sie nach dem Öffnen bergen, riecht nach Algen und schmeckt nach Meer. Auch Messer- und Jakobsmuscheln, Octopuscarpaccio, Sarde in Saor und Kraken sowie einen köstlichen Brodetto, die klassische Suppe aus Meeresfrüchten, hat Emiliano, heute sogar um ein paar kleine Rotbarben angereichert, vorrätig. Dafür vertröstet uns Aida, was den Seespinnensalat und Emilianos berühmten salzigen Strudel mit Speck und Nüssen betrifft, auf ein andermal, das sicher bald kommen wird. Denn das Pettirosso ist eine Osteria für jede Jahreszeit.

Im Sommer rauscht hier das Meer, und im Winter hört man dem Wachs beim Tropfen vom Kerzenleuchter zu, während man der hausgemachten Wacholdergrappa oder den eingelegten Grappa-Zwetschken zuspricht.

Und als Musik dient das Parlando der Einheimischen an der Bar, an der die Grenzen zwischen italienischem und slowenischem Karst verschwimmen. Da wird aus dem italienischen Ciao und dem slowenischen Fanti (Jungs) auch schon einmal ein babylonisches »Ciao Fanti«: Adieu Jungs.

Löwe und Möwe
Feuer speit der Agip-Löwe
von dem gelben Neonschild.
Auf dem Kanister mit im Bild:
trademarklos die Felsenmöwe.

Wie wär's mit einem Gläschen Glera?

In Jancis Robinsons für gewöhnlich überkomplettem Oxford-Weinlexikon wird man die Glera vergeblich suchen, und selbst Walter

Filiputti, der große Rechercheur kleinster friulanischer Rebsorten, führt sie in seinem Werk über »Die Straße der Genüsse« nicht an. Korrekterweise, könnte man sagen, denn die Glera ist keine friulanische Rebe, sondern eine autochthone Landweinsorte aus Prosecco (slowenisch Prosek), auch Prosecco tondo oder Prosecco balbi genannt, deren Verbreitungsgebiet über ein paar Karstweinberge nicht hinausreicht. Einen besonders schönen Glera macht Andrej Bole aus Piscanci bei Triest, der zu den wenigen Winzern zählt, die die lange für ausgestorben gehaltene Rebsorte wiederentdeckt und mit modernem önologischem Know-how kultiviert haben.

Die Glera ist freilich kein Wein für große Verkostungen. Sie ist sich als trockener, nicht zu schwerer Tropfen selbst genug, spiegelt jedoch mit ihrer zarten Säure die Mineralien des Karstbodens wider und mündet, wiewohl erdig-rustikal, in einen schönen Nachklang, dem man sogar eine gewisse elegante Raffinesse nicht absprechen kann.

Wer friulanischen Tócai oder Ribolla kennt, der wird auch Glera mögen, besonders zu Fischen und Meeresfrüchten, wie Emiliano sie zubereitet.

»Kraska Glera« sagen die slowenischen Karstner dazu. Und die Italiener reden poetisch von einem »Verso-Mare-Wein«, einer Rebe, die nur zum Meer gewandt gedeiht, weil sie viel Licht, Wärme und Sonne benötigt.

SYDNEY-AUSTRALIA

Vitovska, oder: Der Wein geht, und der Trinker bleibt

Wer weiß schon Genaueres über Vitovska? Wie denn auch, wenn man nicht aus dem Karst stammt?

Und dann sitzt man plötzlich in einer Osmizza, auf einer der vielen Felsterrassen hoch über der Bucht von Triest, und hat so einen weißen Karstwein im Glas, der auf diesen kargen, porösen Böden gedeiht und wenn überhaupt nach etwas, dann danach duftet.

Steckt man seine Nase in das Glas, riecht der Wein wie ein hoch mineralisiertes Wasser ohne Kohlensäureperlen. Immerhin, es kommt einem kein Jodgeruch an die Schleimhäute, und es überwiegen keineswegs die salzigen, sondern eher die metallischen, vor allem aber die erdigen Aromen (zu sagen, dass es rote Erde sei, wäre wohl zu viel der Interpretation, denn die ist dem Terán vorbehalten).

Fruchtige Fülle ist die Sache des Vitovska ganz gewiss nicht, noch weniger Geschmeidigkeit. Eher schon riecht er nach Kabelbrand, Keramikmanufaktur oder, wenn man es poetischer formulieren will, nach welkem Laub, das man im Spätherbst verbrennt. Nein, was der Vitovska verströmt, ist kein gleichmäßiger, facettenreicher, feingliedriger Duft, sondern eine markante, kurze Information an des Trinkers Großhirn, die da lautet: Dieser Wein wird trocken sein, sehr trocken, knochentrocken.

Spielverderber werden jetzt vielleicht meinen, man könnte statt trocken auch ordinär sagen. Doch erstens sind trocken und ordinär keine Synonyma, und zweitens macht das Ordinäre, oder besser: das Einfache, den Vitovska zu einem idealen Begleiter ebenso simpler Speisen, Alici etwa oder Sarde in Saor, beides Gerichte mit viel Säure, die es dem Vitovska danken, dass er zwar trocken, aber keineswegs sauer ist.

Nein, der Vitovska, den man wegen seiner hohen Erträge in Triest früher auch Pagedebiti (Schuldenzahler) nannte, ist kein Wein zum Beißen, keiner, den man genussvoll um die Zunge kreisen und dann unter geringer Sauerstoffzufuhr den Schlund hinunterfahren lässt. Es ist vielmehr ein Wein, der geht, während der Trinker bleibt.

Das ist auch der Grund, warum man von Vitovska selten genug hat. Allein schon deshalb, weil der Vitovska auch eine Sphinx unter den Weinen ist, die sich weigert, einem gleich beim ersten Schluck alles über sich zu erzählen. Da er sein Antlitz (und das hat er zweifellos) glasweise entschleiert, ist es ziemlich sinnlos, weniger als eine Flasche Vitovska (natürlich pro Person – wir reden hier ja nicht über alte Burgunder) zu trinken, man wird ihn sonst niemals wirklich kennen lernen. Erst nach vier, fünf oder mehr Gläsern zeigt der Vitovska nämlich, dass er kein süffiger Langeweiler, sondern ein Wein mit Witz und Esprit ist, den man fast sophisticated nennen könnte. Mag sein, dass Vitovska nicht über die Maßen inspiriert (da halte man sich besser an die Musen oder an Picolit); sehr wohl hingegen animiert er, unter anderem zum Weitertrinken, vor allem aber zum Essen von Gerichten, die nach dem Vitovska so sehr verlangen, wie er nach ihnen verlangt: nach Jota, Triestiner Gulasch, Stockfisch, Kalbsnieren und Caiserfleisch (kann ruhig fett sein, der Vitovska geht trocken darüber). Zugegeben: Wer mehr als einen Wein will, der tut gut daran, um den Vitovska einen großen Bogen zu machen. Wer jedoch wirklich einen Wein will, der sollte auf dieser Welt nicht eher ruhen, bevor er eine Flasche Vitovska getrunken hat, mindestens.

Edi Kante: der Star

Sein Auftritt ist hollywoodreif. Er sieht aus wie ein Kolonialoffizier vor der Schlacht von Khartoum, trägt schwarze Sonnenbrille und Buschhemd, der Rest sind Tarnfarben.

»Der Karst«, sagt er mit verschränkten Händen, »ist ein Symbol der Armut.« Was Edi Kante nicht dazusagt, ist, dass er zu den wenigen zählt, die dieser Armut entronnen sind. Aber das sieht man ohnedies.

Das Weingut führten schon Edi Kantes Großeltern. Er hat in Padua Önologie studiert und aus dem ärmlichen Landwirtschaftsbetrieb eine florierende Marke von Weltgeltung gemacht, was man ihm und dem Betrieb auch ansieht.

Nicht von außen allerdings. Denn da wirkt Kantes Gut eher wie der Eingang zu einem Nato-Bunker. »Von außen«, sagt er, »soll man hier nur Stein und Bäume sehen. Aber wenn Sie genau hinschauen, so können Sie auf diesen 500 Quadratmetern den ganzen Karst studieren.«

Der Wohlstand des Hauses eröffnet sich dann erst in der Vertikale. Der Weinkeller entpuppt sich zunächst als veritable Karstgrotte, eine von jenen, über welche die Triester abfällig zu sagen pflegen: »Wer eine Grotte kennt, der kennt alle Grotten.«

Kantes drei Stöcke in die Tiefe führendes Grottenlabyrinth kennt, wer alle Grotten kennt, allerdings immer noch nicht. Denn das sieht aus, als hätte Richard Peduzzi hier für Patrice Chéreau ein Bühnenbild für Straussens »Salome« entworfen, das nicht im Palast des Herodes, sondern in Jochanaans Zisterne spielt.

Der Architekt dieser bemerkenswerten Weinkeller-Installation ist jedoch kein Bühnenbildner, sondern heißt Ignazio Wok, stammt aus Ljubljana, lebt in Italien und verdient sein Geld in Deutschland und Österreich – ein Mitteleuropäer also, wie er im Buche steht.

Beim Abstieg in die ganzjährig bei 7–13 °C konstant temperierten Grottenebenen glaubt man zunächst Industrial Music aus hochvolumigen High-End-Boxen zu hören. Doch dann stellt sich heraus, dass es sich nur um die bis tief ins Erdinnere replizierten Geräusche des Lastenaufzugs und eines die Gewölbe durchmessenden Hubstaplers handelt. Die vielen Gemälde an den Wänden sind allerdings tatsächlich Kunst. Oder das, was Kante darunter versteht. Sie stammen nämlich von ihm selbst und sind, was immer sie sonst noch sein mögen, sehr suggestiv.

»Ich habe mich bis auf den heutigen Tag geweigert, den Keller in der Totale fotografieren zu lassen«, sagt Kante. »Für jene, die in Zukunft hierher kommen werden, muss immer noch etwas Überraschendes bleiben.« Zum Beispiel im Barriquekeller, der aussieht wie das Fundament einer Raketenabschussrampe, in dem rein zufällig Eichenfässer gelagert werden.

»Der Karst braucht viele Konzepte, von der Steingrotte bis zum modernen Design«, sagt Edi Kante und führt weiter in seinen Kostraum, der etwas erdiger wirkt als der Keller. Von draußen dröhnen, mitten am Nachmittag, Hahnenschreie herein. Der lange Kosttisch ist so kantig wie Kante selbst. Er sieht auf den ersten Blick zwar wie ein gleichschenkeliges Dreieck aus, erweist sich aber bei genauerem Hinsehen als präzise abgeschliffener Sechskanter.

Mit jener Selbstverständlichkeit, mit der man in den Alpen Holzteller und Jogltische findet, trifft man hier im Karst nämlich immer wieder auf fein geschliffene Steinplatten, von denen jede eine jahrmillionenalte Geschichte zu erzählen weiß, deren Episoden in unzählige Einschlüsse gefasst sind. Kantes Tisch ist nicht nur ein besonders schönes Exemplar dieser Gattung, sondern hat auch besonders viel zu erzählen.

Neben dem Kosttisch kann man eine Partie Tischfußball spielen. An der Wand hängt eine Gitarre, und in einem grünen Glasballon steckt ein Säbel, mit dem Kante, wenn er gut aufgelegt ist, Champagnerflaschen köpft.

Heute gibt es allerdings keinen Champagner, nicht einmal Kantes weltberühmte Chardonnays und Sauvignons. »In einem Karstbuch sollten Sie nur über Karstweine schreiben«, dekretiert Kante apodiktisch und schenkt neben einigen Malvasias fast ausschließlich Vitovska ein, der, wie Edi Kante gerne aufklärt, nicht eine Rebsorte ist, sondern eine ganze Reihe davon umschließt: den Vitovska gargagne etwa oder den Vitovska urganka, vielleicht auch die möglicherweise verwandte Uraltrebe Klacenka Bianco.

Manches von dem, was ich bisher über Vitovska gedacht habe, muss ich zurücknehmen und zugeben, dass diese erdige Rebe, wenn sie so blitzblank vinifiziert ist wie hier und mindestens zwei Jahre gelagert wurde, durchaus auch an Salbei, Lakritze und mit etwas Phantasie sogar an Birne erinnern und in ihren Geschmacksfolgen verdammt lang am Gaumen verweilen kann.

Nach der Verkostung erfahren wir dann, woher die Hahnenschreie kamen. Sie stammen aus einem kleinen Terrarium vor dem

Haus, in dem neben Hähnen auch einige Fasane und anderes Federvieh herumläuft.

»Für Weihnachten?«, frage ich.

Edi Kante mustert mich lange mit kritischem Blick.

»Nein, aus Freude an unserer Natur.«

Kleine Osmizzakunde

»Osmizze«, sagt Edi Kante in der ihm eigenen apodiktischen Art, »sind wie so vieles im Karst ein altösterreichisches Erbe.« Tatsächlich geht die Rechtsgrundlage, auf welcher diese gastronomischen Zwitter aus Weinschank und Jausenstation bis heute beruhen, auf dieselbe am 17. August 1784 erlassene Zirkularverordnung von Kaiser Joseph II. zurück, der auch der Wiener Heurige und viele andere Buschenschanken zwischen der Wachau und der Südsteiermark ihre Existenz verdanken. Dieser Verordnung verdankt die Osmizza auch ihren Namen: Das slowenische Wort »osmica« bedeutet nämlich acht, und genau acht Tage lang war den Winzern nach dem Willen des Monarchen damals der Ausschank erlaubt.

Doch die Osmizze sind nicht einfach Heurige des Südens. Sie wandern im Laufe eines Jahres wie ein Tourneetheater durch den Karst. Jede Osmizza hat einmal jährlich für (mittlerweile meist) zehn Tage offen, wenige auch zweimal pro Jahr. So hält irgendjemand immer offen. Wo das Osmica-Theater gerade gastiert, das pfiffen früher die Spatzen von den Dächern. Neuerdings entnimmt man es speziellen Websites.

»Österreich«, erzählt Kante weiter, »ist im Karst immer noch hoch angesehen, ganz im Gegensatz zu Italien. Wir alle schauen gegen Nordosten. Italien hat uns den Faschismus und immer wieder Chaos und Anarchie gebracht. Österreich, das sind für die meisten von uns einfach gute Erinnerungen. Wir essen ja auch viel lieber österreichisch als italienisch. Nehmen Sie nur unser Goulash oder das Caiserfleisch mit Kren und Sauerkraut – wir lieben das.«

Womit die stilistische Bandbreite dessen, was sich hinter dem Begriff Osmizza oder Osmica verbirgt, bereits einmal abgesteckt wäre. Eine Osmizza klassischen Stils hat man schnell beieinander, solange nur genug Eigenbauwein, welcher Qualitätsstufe auch immer, da ist. Dann benötigt man nur noch ein paar einfache Tische mit vorzugsweise geblümten Plastiktischtüchern, ein paar Sitzgelegenheiten aus Holz oder Stahl, die nicht unbedingt eine Lehne haben müssen, und ein Wellblechdach für den Fall, dass es regnet. Jetzt fehlen nur noch ein paar Pappendeckeltassen mit Butterpapier, auf das man die Salami, den Schinken und den Käse legen kann. In besseren Häusern sind die Tische aus Vollholz, und das Butterpapier liegt auf Schneidbrettern.

Idealtypischerweise gesellt sich dazu noch ein schöner Ausblick auf die Weinberge oder gar auf das Meer, oder – noch besser – auf beides …

Fast hätte ich die bunten Holzzeiger und die Buschen aus Efeuzweigen oder Lorbeerlaub vergessen, die oft schon Kilometer vor dem Ziel darauf hinweisen, dass irgendwo, hinter vielen verschlungenen Wegen, das Schlaraffenland wartet.

Klobasse, Zahnstocher und Pilze

Die Osmica »Pri Škrkovih« ist eine typische Vertreterin ihrer Spezies. Nur durch die rotweiß karierten Tischtücher fällt sie aus dem grünen Rahmen der umliegenden Natur, vielleicht auch noch durch die etwas überlaut aus schon recht ramponierten Boxen dröhnende Radiomusik.

Doch die Musik ist auch schon das Einzige, was hier aus der Konserve kommt. Bei Škrkovih, so steht es auf der Karte, ist alles selbst gemacht und kostet, wie man sieht, zumindest für jene, die von Italien oder Österreich über die slowenische Grenze kommen, so gut wie nichts. Bei Pršut, Haussalami, Pancetta – der Filius ist Fleischhauer – ist Besteck nicht vorgesehen; es gibt ja Zahnstocher. Beim gebratenen Schweinsnacken und der hausgemachten Klobasse mit üppigem Kraut und sauren Rüben kommt dann zumindest ein Hauch von Tischkultur auf. Und am Wochenende wird sogar die

Konservenbeschallung durch slowenische Livemusik auf einer improvisierten kleinen Bühne ersetzt.

Freunde elaborierter Weinkultur sind anderswo sicher besser aufgehoben. Der Malvasia ist hantig, und auch der Terán ist einer von jener Sorte, die man besser mit Mineralwasser mischt, um dem Schicksal des antiken Feldherrn Brennus zu entgehen (der Mann beging bekanntlich Selbstmord, indem er unvermischten Wein trank).

Geschäft zu machen ist jedoch auch ohne elaborierte Weinkenner mehr als genug. Je nach Wetterlage steht bereits vor der jährlichen Osmica-Saison fest: Die Škrkovihs werden binnen zehn Tagen mit ungezählten freiwilligen Helfern aus Verwandt- und Bekanntschaft zwischen 3500 und 5000 Gäste bewirten, praktisch den gesamten Jahrgang (immerhin von zwei Hektar Weingärten) unter die Leute bringen, die gesamte Ausbeute der von der Familie gehaltenen Hausschweine verwursten und verkochen sowie ungezählte Portionen von Strudeln und hausgemachten Leckereien über die Budel schieben. Lediglich das Brot kaufen sie bei einem befreundeten Bäcker, aber der Bäcker, so versichert die Familie, sei wirklich gut.

Leben müssen die Škrkovihs trotz alledem nicht von ihrer Osmica. Ihre wahre Lebensgrundlage wächst rundum, in den Wäldern. Tatsächlich lebt der Betrieb vom Schwammerlsuchen, oder besser:

vom durchaus professionell aufgezogenen Pilzhandel mit Italien, Frankreich und Österreich, auf den die Škrkovihs, zumindest was Schwammerl aus den Balkanländern betrifft, hier nahezu ein Monopol haben.

Wasser und Wein

Das 300 Jahre alte Steinhaus in Prepotto fällt nicht nur durch die weithin offenen Flügel im steinernen Torbogen auf, sondern vor allem auch durch das große Holzfass im Hof, auf dem ein junges Pärchen aus Triest seine Gläser abgestellt hat, um ziemlich unverhohlen miteinander flirten zu können.

Die beiden Torflügel zu diesem kleinen Himmelreich öffnen sich freilich nicht oft – um genau zu sein: nur einmal jährlich; und dann haben nicht nur die jungen Pärchen aus der Stadt, sondern auch die mitgebrachten Hunde ihren Spaß.

Wie Kante ist auch Benjamino Zidarich ein Großmeister des Vitovska, und seine Cuvée aus Vitovska, Malvasia und Sauvignon Blanc, die er nach dem alten Vulgonamen des Hauses schlicht Prulke benannt hat, die sollte, wer wissen will, was Karstwein sein kann, unbedingt gekostet haben.

Das Weingut ist nur sechs Hektar groß und strebt zwar nach Ruhm, aber nicht nach Größe. Zumindest nicht nach offensichtlicher. Ehrgeizig ist Zidarichs Kellerausbau auf alle Fälle, und er bringt mit seinen Bohrern und Schlaghämmern nicht viel weniger Karstgestein in Bewegung als Nachbar Edi Kante. »Ich brauche viel Platz«, gesteht Zidarich, »aber nicht weil ich viel Wein lagern will, sondern weil ich wenig Wein besonders lange lagern will.«

Im Karst viel Wein zu machen wäre auch nicht leicht. Die Anlage neuer Weingärten gestaltet sich hier mühsamer als anderswo. Um die guten Berglagen urbar zu machen, muss Erde aus dem Tal auf bis zu 300 Meter Seehöhe geführt und mit dem Felsengrund vermählt werden. Erst dann kann darauf neuer Wein entstehen – neuer Vitovska.

»Vitovska ist ein Wein«, sagt Zidarich, »der im Grunde nach gar nichts schmeckt. Nicht nach Aprikosen, nicht nach Paprikaschoten, nicht nach Cassis und nicht nach Feuerstein. Das Einzige, was man schmeckt, ist die Vitovska-Traube, die es dafür nur einmal auf der ganze Welt gibt: nur hier im Karst. Man muss ihr nichts geben, aber man darf ihr auch nichts nehmen. Sie liebt es, wenn der Winzer sie so belässt, wie sie ist.«

Daher muss auch der Winzer naturbelassen bleiben. Wie Benjamino Zidarich, der seine Lebensphilosophie in einem Satz auf den Punkt zu bringen versteht: »Ich weiß, was guter Wein ist und wie er schmecken muss; und falls einmal kein guter Wein da ist, so habe ich auch kein Problem damit, Wasser zu trinken.«

Das weiße Gulasch von Bernarda

»Was soll das sein, ein weißes Gulasch?« – Andrej Milic, ein Lockenkopf, dessen dünnrandige Intellektuellenbrille in apartem Gegensatz zu seinem Faunsgesicht steht, schürt die Kohle und das Rebstockholz unter dem schmiedeeisernen Brataufsatz und grillt in seiner Schwarzen Küche weiter Čevapčići, Schweinskoteletts, Pleskavica, Kalbsleber und Polenta. Meine Frage will er allerdings nicht beantworten: »Ich bin zuständig für den Wein, den Grill und den Stall. Fürs Kochen ist meine Frau zuständig.« – Bernarda und Andrej Milic führen hoch über Triest eine uralte Osmizza. Andrej schenkt uns ein Glas von seinem strohgelben, fruchtigen Vitovska ein und ruft Bernarda aus der Küche. »Ein weißes Gulasch«, erklärt sie mir geduldig, sei genau das Gleiche wie ein normales Gulasch, nur eben ohne Tomaten. Der Paprika spiele beim Triestiner Gulasch ohnedies kaum eine Rolle, dafür aber der Wein. Der gibt übrigens auch – diesmal ist es ein kräftiger roter Terrano – dem darin gedünsteten Beinschinken Saft und Kraft, den Bernarda vor dem Servieren mit halbzentimeterdicken Krenspänen bestreut. Und was, frage ich Frau Bernarda zum Schluss, verbirgt sich hinter der Bezeichnung »Struccolo cotto in Tovagliolo«? – »Zunächst einmal zwölf Stunden Arbeit«, antwortet sie. »Es ist ein Nussstrudel, der nur zu Hochzeiten zubereitet wird. Bräutigam und Braut stoßen, während sie ihn anschneiden, mit einer angesetzten Zwetschkengrappa auf ihr Glück an.« Zu meinem Glück hat Bernarda zufällig gerade eine größere Hochzeitsgesellschaft im Haus, und so komme ich tatsächlich in den Genuss des raren Strudels, der, wie sie uns erzählt, im gleichen Stoff gegart wird, aus dem auch Bernardas bildhübsches slowenisches Trachtenkleid gewirkt ist. »Genug gekocht«, sagt Andrej und will auch noch seinen Keller herzeigen, der kein Keller wie alle anderen ist. Gewiss: Auch hier lagern Weine in Stahltanks und Barriques. Aber über welchen Tanks und Fässern hängen schon ganze Batterien von Schinkenkeulen und Salamistangen? So teilt sich Andrej letztlich auch sein Kellerreich mit Bernarda, die keine Leiter benötigt, um zu den Köstlichkeiten an der Decke vorzudringen. Behände und leichtfüßig verwendet sie einfach die Flaschenpaletten als Aufstiegshilfe und kehrt mit ein paar silbrigweißen Salamistangen in den Schankraum zurück, wo Andrejs geräumiger Rebstockgrill nicht nur Feuer spuckt, sondern auch verführerisch nach Čevapčiči und gerösteter Polenta duftet.

Bunte Häuser im Karst

Die meisten Häuser im Karst sind grau, manchmal mit rostroten Einsprengseln, aber niemals bunt. Sie verdanken ihr Aussehen auch keineswegs einem besonderen Sinn der Bevölkerung für graubraune Ästhetik oder rostrote Lebensfreude, sondern dem eiskalten

Burja-Wind, den diese Fassaden abwehren müssen, und sie dulden daher keine Schnörkel, keinen leichtfüßig-südlichen Formenschatz und vor allem keine weißen Wände.

Seit es den Eisernen Vorhang nicht mehr gibt, findet man in manchen Dörfern der slowenischen Karstregion jedoch zumindest ein Haus, welches sich diesem Diktat des Organischen widersetzt, durchaus das Epitheton knallbunt verdient und sich von den Erd- und Steintönen der Häuser in der Nachbarschaft schon von weitem sichtbar unterscheidet.

Man braucht dem Geheimnis nicht lange auf den Grund zu gehen. Bereits ein Blick auf das Portal, das Türschild oder die unvermeidlichen roten Lämpchen macht klar, dass es sich hier um ein Freudenhaus handelt, oder vorsichtiger formuliert: um ein einschlägiges Etablissement, das sich hinter einem Night-Club verbirgt. Manche dieser bunten Häuser verfügen sogar über ein kleines Restaurant oder ein Casino und bieten Puff-Packages für alle Sinne.

Die Mentalität der slowenischen Frauen wird man hier allerdings dennoch nicht studieren können, denn die »heiße Ware« wird durchwegs von weiter östlich, meist aus Moldawien, und das keineswegs immer aus eigenem Antrieb, »angeliefert«.

Abgesehen davon sind die Frauen aus dem Karst für ihre Treue berühmt. »Wenn du eine Frau aus dem Karst hast«, so lautet ein altes slowenisches Sprichwort, »dann brauchst du keinen Hund mehr.«

Die Waschmaschinen von Brje

Obwohl der Karst häufig durch die Abwesenheit von Wasser definiert wird, findet man hier immer wieder Teiche, Zisternen, Tränken und – selten genug – auch Wasserquellen. Keine von ihnen ist auf natürliche Weise entstanden, viele davon sind jedoch auf natürliche Weise ausgetrocknet oder haben sich durch Pflanzenüberwucherung in kleine Biotope und Naturparadiese verwandelt.

In vielen Ortschaften wird allerdings, wie etwa in Brje, bis heute nur Regenwasser getrunken. Dabei gäbe es gerade hier sogar einen alten, stillgelegten Anschluss für eine Wasserleitung, die Brje einst mit dem altösterreichischen Wasserversorgungsnetz verband.

Nach dem Ersten Weltkrieg wurde die Leitung dann abgeschnitten, und seither wird in zwei Dorfbrunnen das Regenwasser aufgefangen. Einer davon – er liegt schattig eingebettet unter einem alten Maulbeerbaum – trägt ein schönes Relief mit einer Darstellung aus dem Johannesevangelium, das Jesus und die samaritische Frau am Brunnen zeigt.

An der Einfassung der Brunnenwand erinnern die kannelierten, zackenförmigen Einbuchtungen bis heute an die Kraft der Seile, die diese Ausbuchtungen aus dem Stein gescheuert und ihn abgeschliffen haben.

Einen Vorteil, so sehen das zumindest die Einwohner von Brje, hat die Sache mit dem Regenwasser aus dem Brunnen jedenfalls: Denn wo kein Quellwasser, da ist auch kein Kalk – und daher gibt es in Brje auch keine Probleme mit der Waschmaschine.

Schwerter zu Weinreben

»Es gibt viel Eisen im Karst«, erzählt Marko Fon, der Winzer und Schinkenmacher aus Brje. »Das hat uns der Erste Weltkrieg hinterlassen«, fügt er hinzu. »Man findet es heute noch überall – beim Hausbau, in Hinterhöfen gelagert und manchmal sogar in den Weingärten.«

So kann es durchaus passieren, dass so mancher Rebstock sich in dieser Gegend an einer rostigen Eisenstange emporrankt, die früher einmal Teil eines Waffenarsenals war.

Salz auf der Zunge
Ich spüre das Meer,
doch ich sehe es nicht,
ich höre wohl,
wie die Welle bricht,
ich rieche wohl
Algen, Gischt und Tang,
faulenden Fisch
und frischen Fang.
Das Salzkorn
sitzt mir auf der Lippe;
Salz auch im Wein,
an dem ich nippe.
Dolinen reflektieren
das Licht.
Ich spüre das Meer,
doch ich sehe es nicht.

Karstfische

Die Karstbewohner betrachten sich nicht als Meeresanwohner oder gar Seefahrer. Die Skepsis der Karstner gegenüber dem Meer mag auch damit zusammenhängen, dass sich die meisten von ihnen als Nicht-Italiener und somit auch als Nicht-Fischesser verstehen.

Natürlich gibt es Ausnahmen wie die Gostilna Trošt in Kozin oder das Apollonia in Smarje – zwei Restaurants, die sich auf

Meeresbewohner spezialisiert haben, bei den Touristen aber fast beliebter als bei den Einheimischen sind.

Im Karst-Alltag ist das Meer vor allem in Form eines Citroën Jumper mit ausklappbarer Seitentüre gegenwärtig, die sich im Nu in eine kleine Fischhandlung mit Kühlvitrine verwandeln lässt. Überhören lässt sich dieses von zwei Riesen-Seepferdchen flankierte Flaggschiff der Firma »Hapy Day« aus Koper, wenn es die verschlungenen Pfade des Triestiner Hinterlands durchmisst, kaum. Denn wo der Wagen hält, da blähen sich die Lautsprecher, als gälte es, für ein panslawisches Blasmusiktreffen die Werbetrommel zu rühren. Dabei wird nur ganz bescheiden für frische Sardellen, Meeräschen, Seebarsche, Steinbutte und Tintenfische geworben, die auf den Speisekarten des Karst nicht immer ganz leicht zu haben sind.

Auch was den Fisch betrifft, fühlen sich die Karstner eher als Altösterreicher, und damit hängt es vielleicht zusammen, dass das einzige internationale Fischgericht, das mit der Hafenstadt Triest assoziiert wird, nämlich die Trota Triestina, eine Kräuterforelle ist.

Dass Triest auf die Forelle kam, ist freilich auch nur gerecht. Denn die Rosandra, die sich in einer Gebirgsschlucht im südlichen Teil des Karst, schon fast an der Grenze zu Slowenien, durch den eozänen Kalkstein gegraben hat und in etlichen Wasserfällen malerisch talwärts stürzt, ist (zumindest solange sie Wasser führt) ein veritables Forellengewässer. In der Ortschaft Bagnoli findet man daher auch, in einem vom frischen Gebirgswasser gespeisten Naturteich, eine der größten Süßwasserfischzuchten der Region.

In wilden Gewässern fühlen sich die Karstfische allerdings eher etwas weiter nördlich wohl, wo sich der Karst zum 125 Kilometer langen Soča-Tal verengt. Hier trifft man nicht nur die zunehmend rarer werdende weißfleischige, zarte Bachforelle, sondern – im Oberlauf der Soča – auch die legendenumrankte »Soska postrv«, die wegen ihrer fein strukturierten Haut auch Marmorataforelle genannt wird und als besondere Delikatesse gilt.

Schon länger nicht mehr gesichtet wurde indessen ein Fisch, den ein bekannter Reiseschriftsteller des Biedermeier, Adalbert Joseph Krickel, in den illyrischen Gewässern geortet haben will. Er sei dort, so berichtet er durchaus nicht unglaubhaft, auf den »Zeloves 'ca riba« getroffen, was so viel wie »menschlicher Fisch« bedeutet. Er habe eine Farbe wie Menschenfleisch und obendrein Füße gehabt, die menschlichen Fingern ähnelten. Über den Geschmack des »Monsters«, das in alten ichthyologischen Enzyklopädien auch als Proteus anquinus auftaucht, hat sich Krickel jedoch nicht geäußert.

Kommst, Fremder, du nach Sežana …

… so lasse dich durch das hässliche Gemeindeamt nicht irritieren, sondern dasselbe am besten links liegen. Gleich dahinter wirst du mit der Einladung belohnt, die Glückslaube zu durchschreiten, die dich schnurstracks in den Botanischen Garten führt. Bevor du in diesem zu lustwandeln beginnst, solltest du dir jedoch etwas wünschen – und darfst damit rechnen, dass es auch in Erfüllung geht.

Im Gegensatz zu anderen Botanischen Gärten, die meist ja Botanische Parks sind, ist dieser, was seine Ausmaße betrifft, ein echter Garten und kein Park. Dennoch wirst du hier Baumriesen finden, wie du sie vielleicht in Kaliforniens Giant Forest, aber nicht hier erwarten würdest. Gleich daneben spenden dir Pinien und Zedern gesprenkelten Schatten. Eine Apollstatue ragt vorwitzig aus dem Heckenmeer vor dem Palmenhaus, das rund um geometrische Beete aus Silberkraut angelegt und nach der letzten Versailler Mode herausgeputzt und zurechtgestutzt wurde.

Klar, denkst du dir, du hast das alles schon einmal viel imposanter, großzügiger und majestätischer erlebt, obwohl die Kakteen und Orchideen des kleinen Palmenhauses der »grands sentiments« mit Sicherheit nicht entbehren.

Obwohl sie letztlich von einer aufrichtigen Liebe zu den kleinen Dingen handeln. Wir sind ja nicht in den Tropenwäldern Indochinas und wollen uns auch weder an Kipling noch an Conrad erinnert fühlen. Lieber denken wir an Scipio Slapaters »Landschaft aus Kalk und Wacholder« oder an Srečko Kosovels »Einsamkeit voll tiefer, wehmütiger Schönheit«.

Kommst, Fremder, du also nach Sežana, so lass dich nicht auf falsche Gedanken bringen – und lies vor allem die richtigen Gedichte.

Der Geschmack der Lipizzaner

In einem Buch über den Karst nichts über Lipica zu erzählen wäre auf ähnliche Weise sträflich, wie in einem Wien-Führer die Sängerknaben auszulassen. Dabei liegt die Waldinsel Lipica streng genommen schon etliche Kilometer außerhalb der Terra-rossa-Kernzone des Karst – in einem weitläufigen Grüngürtel, in dem neben den weißen Pferden auch ein Golfplatz, ein Spielcasino und das Hotel Maestoso eine bedeutende Rolle spielen. Es heißt, wohlgemerkt, nicht wie der gleichnamige Filmhengst »Maestoso Austria«, sondern »Maestoso Lipica«, was wohl auch etwas mit der Demütigung zu tun hat, die die Österreicher den Slowenen bis heute zufügen, indem sie die Lipizzaner für sich reklamiert haben, obwohl sie doch, wie bereits der Name sagt, tatsächlich aus Lipica stammen.

Die Slowenen lieben ihre Lipizzaner gleichwohl mit ähnlicher Inbrunst wie die Österreicher die ihrigen, und sehr viel mehr ist darüber auch nicht zu sagen, außer dass es gar nicht weit vom Gestüt die Gostilna Skok in Štorje gibt, die bekannt für ihre Jota und ihre Wildspezialitäten, für ihre getrüffelten Gnocchi – und eben auch für ihre Fohlensteaks in Teránsauce oder vom Grill ist.

Das Skok ist ein hübsch renoviertes Lokal in Weiß und Grün, dessen zahlreiche Nischen geschickt mit Gläserkästen und allerlei Tafelnippes gefüllt sind. Die Fohlen, die da verarbeitet werden, erzählt uns der Besitzer Stojan Skok, der mit seinem Schnurrbärtchen und dem weißen Hemd wie ein amerikanischer Boxrichter aussieht, stammen von zwei ungarisch-arabischen Vollblütlern polnischer Herkunft ab, die man auch tatsächlich keine fünfzig Meter weiter in einer Koppel herumtraben sieht. Sechs bis sieben Monate werden die jungen Pferde gehalten, bis ihr Fleisch so richtig zart ist. Dann geht es zunächst auf die Schlachtbank und ab in die Küche.

Die Eltern brauchen ein solches Los nicht zu befürchten. Ihre Bestimmung ist nämlich nicht die Pfanne, sondern die Kutsche, die wiederum die wahre Leidenschaft des Wirtes ist. Kein Wunder, stammt er doch aus einer alten Kutscherdynastie und weiß bildreich davon zu berichten, wie seine Altvorderen in früheren Zeiten sogar roten Marmor mit der Kutsche transportiert haben.

»Greifen Sie einmal auf den Bügel«, sagt Stojan Skok, als er uns voll Stolz in seine kleine »Wagenburg« führt und vor deren tiefblauem, sichtlich erst unlängst renoviertem Prunkstück innehält. »Diesen Bügel hat auch Greta Garbo schon berührt«, sagt Skok andächtig. Und tatsächlich handelt es sich um jene Kutsche, mit welcher die Göttliche gemeinsam mit Frederic March hier 1947 »Anna Karenina« gedreht hat.

Als wir nach unserer kleinen Exkursion wieder zurück ins Lokal kehren, werden uns schließlich die schon zuvor georderten Fohlensteaks serviert, und sie sind erwartungsgemäß zart und fein.

»Kann Lipizzanerfleisch noch besser sein?«, frage ich Herrn Skok ganz nebenbei. Der denkt kurz nach und antwortet: »Ja, es soll tatsächlich noch besser munden. Aber ich kenne niemanden, der je davon gekostet hat, und sollte man es mir anbieten, so würde ich es sicherlich nicht in meinem Lokal auf die Karte setzen.«

Darüber, ob er sein Lipizzanersteak in diesem kaum auszudenkenden Falle nicht doch lieber selbst essen würde, hüllt sich Herr Skok in verständliches Schweigen.

Terán, oder: Der Fuß des Dionysos

Was macht das Wesen von Karstweinen aus?

Ist es die Schneidigkeit, die sie dem richtigen Wind, der kalten und heftigen Burja, verdanken? Ist es die feuchte, rote Erde und der karge Stein, die ihnen ihre hohe Säure verleihen und sie mit Mine-

OMV
Eurodiesel
Menjalnica
Cambio Valute
Wechselstube
Exchange

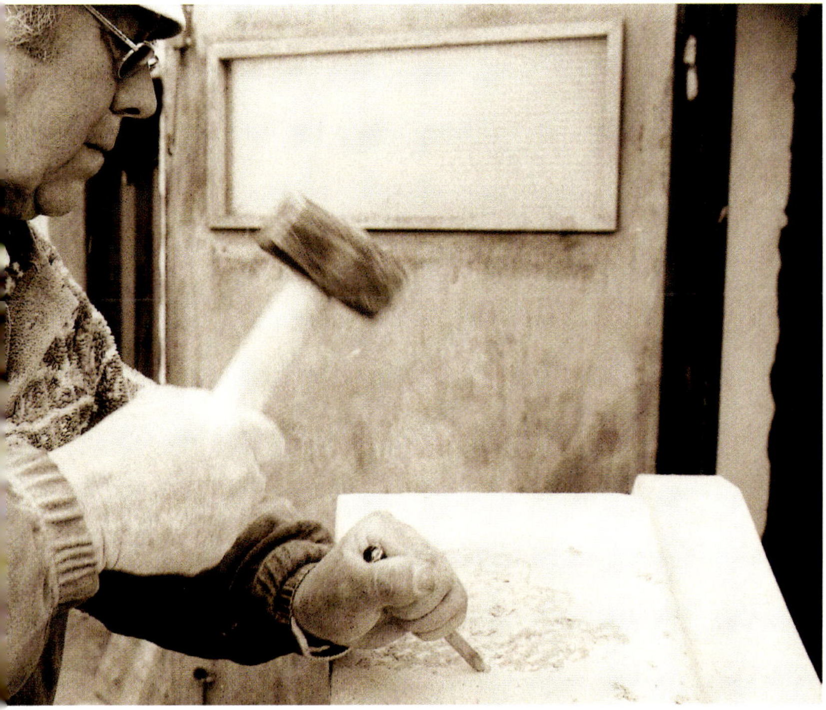

ralien und Spurenelementen anreichert, die beim Trinken auch geschmacksmächtig werden? Oder ist es der Charakter der Winzer, mit denen die Weine vor allem Konsequenz und das Durchhaltevermögen gemeinsam haben?

Von allem ein bisschen dürfte daran beteiligt sein. Doch da ist noch ein anderes, das für den weißen Vitovska gleichermaßen gilt wie für den völlig unterschiedlichen roten Terán: Beides sind Weine, in die Dionysos seinen Bocksfuß getaucht hat – und genau das schmeckt man.

Dionysos, dieser Aufmischer der Säfte, Aufrührer der Schollen und Katalysator jeglichen Überflusses, hat diese Weine nach seinem Willen geformt, indem er mit seinem Thyrsos die Karstfelsen anschlug und Wein wie Wasser daraus sprudeln ließ: feuchtes, überquellendes unterirdisches Leben.

Terán ist ein Wein, der singt. Und es sind ohne Zweifel die Gesänge des Ziegenbocks, die er intoniert, um das Echo des Karstgesteins am Gaumen besonders volltönend nachhallen zu lassen. Wenn Mythen Schwingungen bekommen, werden sie zu Musik, und wenn sie sich verflüssigen, so werden sie zu Wein.

Doch Mythen haben, zumal im Karst, schwammige, oft auch doppelte Böden, in deren Membranen Unvorsichtige leicht verschwinden. Halten wir uns also an das Fassbare. Halten wir uns an das Oxford-Weinlexikon und dessen Ansicht, dass Terán bzw.

Terrano ein »im Osten von Friuli gebräuchlicher Name für eine Subvarietät der Rotweinsorte Refosco« sei.

Edi Kante, der die autochthonen Karstreben wie kaum ein anderer studiert hat, sieht das um einiges differenzierter: »Terrano ist ein Wein«, sagt er. »Refosco ist eine Traube. Istrischer Refosco ist Refosco. Karst-Refosco ist hingegen Terrano. Terrano ist großbeerig. Refosco ist kleinbeerig.«

Marko Fon versucht das Problem weniger ampelografisch als vielmehr distinktiv zu lösen. Für ihn ist die rotbraune Erde, die Terra rossa, das Definitionskriterium für Terán schlechthin. »Die Grenze dafür ist die Bundesstraße Laibach–Triest, die in den Jahren 1921–1947 auch der jugoslawisch-italienischen Grenze entsprach. Jenseits dieser Grenze gibt es keinen echten Terán. Ebenso wenig wie man ein Mädchen von der anderen Straßenseite holen und glauben kann, mit einer echten Karstbewohnerin verheiratet zu sein. Sie wird nie eine werden.«

Joško Renčel, den wir an seinem Eichentisch gleich noch etwas eingehender kennen lernen werden, sieht das Problem auf ähnlich apodiktische Weise: »Der Terán«, wird er nicht müde zu betonen, »ist ein slowenischer Wein, der italienische Terrano ist nur eine – fast immer schlechte – Kopie davon. Zwar haben die Italiener aufgrund des Klimas und der Lage weniger Probleme mit der Säure als die slowenischen Kollegen, dafür bleibt ihr

Terrano klein, verwechselbar und untypisch, ganz anders als der Terán.«

Was der Terán wirklich ist, kann jedoch selbst Joško Renčel, der Großmeister dieser Rebsorte, nicht erklären. »Er ist ein Opfer des Faschismus und des Kommunismus zugleich«, setzt er dennoch zu einem Interpretationsversuch an. »Denn während dieser beiden historischen Episoden hatte man in Slowenien wahrlich andere Sorgen als die Bestimmung von Klonen. Und heute kann sich kein Mensch mehr so genau daran erinnern, wo der Terán ursprünglich herkommt.«

Max the Ripper

Einer, der sich noch erinnern konnte, war Maximilian Ripper, ein Privatgelehrter, der 1910 im Görzer Eigenverlag ein Werklein unter dem Titel »Der Karster Terrano« herausbrachte.

Er beruft sich bei seinen Quellen zunächst auf Plinius, der einen pucinischen Wein rühmte, dem Julia Augusta, die Gemahlin des Augustus, ihr hohes Alter von 82 Jahren zugute hielt.

»Er wächst am adriatischen Meerbusen«, schreibt Ripper, »nicht weit von der Timavusquelle, auf einem felsichten Hügel, wo der Seewind nur wenige Amphoren reifen lässt. Doch wird kein Wein für Medikamente als passender befunden.«

Dieser treffliche Tropfen, fährt Ripper fort, sei möglicherweise nach der roten Erde »terra rossa« benannt, könne seinen schönen Namen aber ebenso gut dem slawischen »ta rani« verdanken, was so viel wie »der Frühreife« bedeute.

In weiterer Folge rühmt Maximilian Ripper, als hätte er schon zur Zeit des Fin de Siècle die Parker'sche Weltweinbibel gelesen, die »feine fruchtartige, an den Duft von Himbeeren erinnernde Blume« und spricht obendrein von seiner Erfahrung, dass der Terán zum Weitertrinken verlocke, wobei der Appetit auffallend angeregt werde. Insgesamt liefere der Terrano also, vorausgesetzt, dass man ihn bis zur fünffachen Menge mit Wasser verdünne, »ein gerade in südlichen Klimaten sehr geschätztes und wirklich durststillendes, gesundes Getränk«.

Doch Herr Ripper erweist sich nicht nur als gesundheitsbewusster Gelehrter, sondern er hatte offensichtlich auch einen wachen Sinn für Poesie, weswegen er seiner Abhandlung auch eine lyrische Beschreibung der Rebe hinzufügte:

Der Terran ist nicht schwer und dick
Er ist nicht herb und fett
Er ist nicht weich und schlaff
Er ist nicht stumpf und tot
Er ist nicht plump und matt
Er ist nicht endlich nicht zart und nicht süß

Aber der Terran ist voll und stark
Er ist duftig, blumig und pikant
Er ist fest und stahlig
Er ist rassig und charaktervoll
Er ist voller Leben, frisch, spritzig und prickelnd
Er ist dunkel gefärbt, rubinrot schimmernd.

Joškos Experimente

Er mache eigentlich nicht viel Wein, sagt Joško Renčel bescheiden, etwas mehr als tausend Flaschen im Jahr, fast ausschließlich Terán und noch ein bisschen Weißwein. Er habe daher auch nicht viel, was er zum Kosten anbieten könne.

Doch dann wird aus diesem »nicht viel« letztlich eine mehr als zweistündige Verkostung.

Sein Terán stamme, erzählt Joško, im Gegensatz zu anderen, die das auch behaupteten, aber nicht einlösten, ausschließlich von jenen Terra-rossa-Böden, die im slowenischen Karst nur einen gerade drei Kilometer langen Gürtel ausmachten. »Auf diesen entwickelt sich der Wein«, das gibt Joško freimütig zu, »zunächst zu einem ziemlich harten Hund.« Der Satz entbehrt nicht einer gewissen Komik, da im Hof zur gleichen Zeit Joškos imposanter Collie bellt, der sich, wenn man ihn näher kennt, ähnlich wie der Terán über die Jahre auch noch zu einem Schmeichler entwickeln kann.

Seine unverwechselbare Erdigkeit, erzählt Joško weiter, bezahlt der Terán mit einer recht aggressiven Säure, die in den Griff zu bekommen die eigentliche Kunst des Terán-Winzers ist. Wenn es klappt (und bei Joško Renčel klappt es fast immer), so schmeckt der Terán wie konzentrierter Weichselsaft, aber ohne dessen zuckrige Unterbutterung.

Kein Wunder: Joško verwendet auch stolze drei Kilo handverlesene Trauben auf eine Bouteille. Das ist geballte Rebenkraft. Und da kann es auch schon einmal passieren, dass ein Terán wie jener des Jahrgangs 1997 zunächst sechs Jahre im Eichenfass liegen und nach dem Öffnen der Flasche bis zu zehn Tage gelüftet werden muss, um sich ein Prädikat wie »offen« oder gar »zugänglich« zu verdienen.

Soeben ist auch ein neues Fass aus Kirschenholz geliefert worden. Joškos Augen blitzen. »Für meine Experimente«, sagt er.

Welche Experimente?

Das Stichwort lautet Pinot Noir, und das ist fürwahr eine ungewöhnliche Rebsorte für diese Region, die Renčel obendrein nach Art eines Recioto Amarone ausbaut und versüßt. »Was mir vorschwebt«, sagt er, »ist ein natürlicher Port, der ohne Sprit auskommt, den das slowenische Weinbaugesetz aber leider nicht vorsieht.« Joško hofft auf das verschwörerische Zulächeln des geheimen Mitwissers – und bekommt es auch.

Renčels Haus ist eine Dauerbaustelle. Vor lauter Weinmachen kommt er nicht zum Bauen, denn Joško Renčel ist die

Qualität seines Weins schon immer über Äußerlichkeiten des Alltags gegangen. Nein, Designer-Winzer ist der frühere Betriebswirt keiner. Vielleicht hat er die Ära des schönen Scheins auch schon hinter sich.

Auch Koststüberl – mittlerweile das wichtigste Statussymbol jedes erfolgreichen Winzers – hat Renčel noch keines. Nach wie vor dient die alte Einfahrt mit ihren vielen herumstehenden Kellergeräten, Fensterrahmen, Türfüllungen, noch un- oder nicht mehr benutzten Fässern, Schläuchen und Karaffen, dem museumsreifen Sicherungskasten und der bronzenen Hausglocke als gut durchlüftete Kost-Garage, in deren Mittelpunkt ein langer, aus einem einzigen Baumstamm geschnitzter Eichentisch steht.

Nach den Roten öffnet Renčel auch seine Weißweine. Den Sauvignon Blanc 2000 Riserva etwa. Mit dem ist er, wie sein Mienenspiel schon während des Entkorkens verrät, wirklich zufrieden. »Zum Fisch kann man eine Flasche auch allein – *drrrtatatatatrrrr* – einfach austrinken.«

Der Stolz des erfolgreichen Demiurgen ist Joško auch angesichts seines Malvasia 1999 anzumerken. Er stammt aus einem Maulbeerfass und hat einen komplizierten Reifungsprozess hinter sich. Nur dreihundert Flaschen gebe es weltweit davon, erzählt Joško, »und jede einzelne davon schmeckt an jedem Tag anders, gerade so, wie das Wetter kommt«.

Und während Joško so dahinphilosophiert, fragt man sich unwillkürlich, ob sich Ähnliches wie über seine Weine nicht auch über deren Schöpfer selbst erzählen ließe. Solitäre sind sie allesamt. Vielleicht auch Vulkane, jedenfalls aber lodernde Flammen wie jene beiden, die Joško Renčel zum Symbol auf seiner Visitenkarte und seinen Etiketten erwählt hat. »Die grafische Gestaltung ist nicht wirklich gelungen«, schränkt er ein. »Aber die beiden Flammen stehen für mein Lebensmotto: Wind – und Gegenwind.«

Nach der Verkostung führt uns Joško – »das wird Sie als Österreicher interessieren« – in das verfallene Anwesen einer bildhauernden und malenden Nachbarin, das früher wohl einmal ein veritables Landschloss gewesen sein muss. »Im alten Österreich war hier ein hochherrschaftliches Weingut untergebracht«, sagt Joško und betont das Wort »altes Österreich«.

Tatsächlich finden sich in den riesigen Kellergewölben noch einige vorsintflutliche Gerätschaften und sogar eine recht gut erhaltene Schwarze Küche. Unter den Stuckaturen des Hauptgebäudes beweist eine Tafel mit der Familiengenealogie, dass einer der ehemaligen Schlossherren 1842 sogar im Wiener Parlament saß. In einer Ecke steht eine lebensgroße Madonnenplastik. Daneben hängt ein nicht minder monumentales Gemälde des jungen Kaisers Franz Joseph. Durch die langen Gänge des baufälligen Gebäudes zieht sich ein zunehmend intensiver werdender Duft nach Schweineschmalz und Paprika. Wie es scheint, werden wir heute Abend noch sehr gut essen.

»Im Karst kocht jeder«, gibt sich Joško sibyllinisch, »aber nicht jeder kocht gut. Um die einen von den anderen zu unterscheiden, muss man hier schon ziemlich lange unterwegs gewesen sein.«

S. Maria di Ombretta

(in einer Osmizza zu singen)

Du wirfst so einen glatten
Schatten an
den Rand des alten Kaiserreichs,
dorthin, wo die Augen
des backenbärtigen Imperators
mit blitzblauer Tempera
aufgefrischt worden sind.
Als wäre *il caiser* dein Kind,
hängt er dir gegenüber und
blinzelt tränenden Auges
quer über den Tresen,
als wäre sein Reich
nichts gewesen
oder wenig mehr
als leer
wie das Glas,
in welches aus Spaß
einer
deinen Rosenkranz fallen ließ,
ach was.

Neues vom Bärentöter

Bei Jószef Jazbec war noch bis vor einem halben Jahr der Bär los. Seine gleichnamige Gostilna in Tupelče 12 war nicht nur weithin als Treffpunkt der heimischen Jägerschaft berühmt, sondern auch ein Montsalvat für weit gereiste Feinschmecker, die wussten, dass ihnen hier Bärenschinken, Bärengulasch und sogar die begehrten gebratenen Bärentatzen vorgesetzt würden.

Erst vor kurzem kam Jazbec die Einsicht: »Wir haben schon zu viel gearbeitet.« Die Nachkommen wollten nicht mehr recht mitziehen. Und die beiden Jazbecs machten, worauf sie sich insgeheim schon seit vielen Jahren vorbereitet hatten: Sie übersiedelten einen Ziffernsturz weiter ins Haus Tupelče 21 und sattelten von Bär auf Wein um.

Im Speziellen handelte es sich um einen »schwarzen« Teránsekt, den Jószef Jazbec trotzig Château Intanto nannte. Intanto ist ein Wort aus dem autochthonen Karst-Dialekt und bedeutet »... und dennoch sind wir unter euch«. Was all jenen ins Stammbuch geschrieben ist, die für Jazbecs Idee, aus Terán einen Sekt zu keltern, von Anfang an nur Spott übrig hatten und der manche auch jetzt noch, da der Qualitätsbeweis längst erbracht ist, skeptisch gegenüberstehen.

Silva Jazbec serviert uns den Karst-Champagner in ihrem dunkel-eleganten Wohnzimmer, das von viel Eichenholz und noch mehr Methusalem- und Jeroboam-Flaschen des schwarz perlenden Haustrunks geprägt ist. Sogar ein spezielles Sektglas ließen die Jazbecs in der Glashütte Steklarska Šola, dem »slowenischen Riedel«, entwerfen und anfertigen, das sowohl schlank als auch bauchig ist und zwei eingravierte »Jazbecs« zeigt.

Jazbec bedeutet auf Slowenisch so viel wie Dachs, und Dachse sind bekanntlich schlau.

Schon vor zwanzig Jahren hat der 1948 geborene »Bärentöter« erstmals mit Sekt und Wein experimentiert. Gestern erst, so berichtet er, hat man ihm wieder einen Dreißig-Kilo-Bären angeboten, und er musste ihn – er sagt das allerdings nicht ohne eine gewisse Traurigkeit in den Augen – ablehnen. Vier Bären, erzählt er, hat er in seinem Leben selbst erlegt, aber mehr als fünfhundert eingekauft und verarbeitet. (Das sind etwa so viele, wie heute insgesamt in ganz Slowenien noch am Leben sind.)

Frau Jazbec erzählt mit dem nämlichen traurigen Augenschleier, wie sie früher die Bärentatzen zubereitet hat: »Man muss sie, je nach Größe, zugedeckt mindestens zwei, oft aber bis zu zehn Stunden lang garen, und es ist wichtig, dass die Tatzen nicht hart werden, sondern immer schön gallertig bleiben. Dazu kommt wenig Salz, aber reichlich Kräuter wie Saturei, Minze, Thymian, Vermouth und Kerbel.«

Nicht ohne Stolz zeigt Silva Jazbec Besuchern ihr schmuckes Kräutergärtchen unweit des Swimming-Pools. »Dieses Jahr ist der Karst sehr grün«, sagt sie, »ganz ungewöhnlich grün.«

Auch Herr Jazbec hat es gern grün. Seinen Weinbau betreibt er auf viereinhalb Hektar vollbiologisch, und auf einem Stock hängt nicht mehr als ein Kilo Trauben. Im Ort selbst besitzt Jazbec zwei Weinkeller. Einer davon liegt direkt unterhalb der nahen Pfarrkirche von Štanjel, deren Turm ein türkischer Architekt unlängst – sehr zum Missfallen christlicher Traditionalisten – eine weithin sichtbare Minarett-Haube aufgesetzt hat.

Praktischerweise ist Jazbecs Keller auch unmittelbar neben dem Bahnhof gelegen, da er einst den Dampflokomotiven als sieben Meter hoher Wasserspeicher diente. Jazbec hat den Keller entwässert und die altösterreichische Fassade, vor der man Herzmanovsky-Orlandos »Kaiser Joseph und die Bahnwärterstochter« ganz probat als Freiluftspektakel inszenieren könnte, um eine Relieftür erweitert. Sie hat die Form eines Fasses, das sich, ähnlich wie ein alter Banksafe, mittels eines eisernen Steuerrads öffnen lässt.

Unten im 140 Jahre alten Keller findet man zwischen viel Château Intanto auch etliches von Roederer und Krug. Jazbec weiß schon, welche Vorbilder er sich sucht, und das schmeckt man aus seinen eigenen Kreszenzen auch heraus.

Wenn man mit Jazbec länger ins Plaudern kommt, so rückt er nach und nach damit heraus, dass in seinem Keller keineswegs nur Sekt, sondern auch Weine gelagert werden, die er viele Jahre, oft sogar ein ganzes Jahrzehnt in unterschiedlichsten Holzfässern

110
112
117

RUTAR

reifen lässt. So birgt der »Sektkeller« veritable Schätze wie etwa einen Weinbrand aus dem Jahr 1983, der es geschmacklich mit manchem großen Cognac aufnehmen kann.

Je mehr uns Herr Jazbec kosten lässt, desto mehr Glanz liegt in seinen Augen, und wer dahinter blickt, weiß: Die große Zeit des Bärentöters ist vorbei – Jazbecs Zeit als großer Weinmacher hat indessen noch nicht einmal wirklich begonnen.

Maks

Der Karst ist in mancherlei Hinsicht, selten wirklich freiwillig und meist unter mehr oder minder sanftem Zwang, mit dem alten Österreich ein gemeinsames Stück Weges gegangen. Einer der bedeutendsten Gefährten auf diesem Weg war Max Fabiani, der 1865 in Kroatien geboren wurde und 1962 in Görz, an dessen Wiederaufbau nach dem Zweiten Weltkrieg er maßgeblich beteiligt war, starb. Im Laufe dieses fast hundertjährigen Lebens schuf Fabiani aber auch die Wiener Urania sowie das Gutenberg-Denkmal am Lugeck. Auch etliches von Otto Wagner, dessen Mitarbeiter Fabiani lange Zeit war, ist – wie etwa die beiden Stadtbahnstationen am Wiener Karlsplatz – ohne sein Zutun kaum denkbar.

In Štanjel, das Fabiani für allerlei architektonische Mühewaltung von 1935 bis 1945 sogar mit der Bürgermeisterehre belohnte, schuf er unter seinem hierzulande korrekt geschriebenen Namen Maks

Fabiani vor allem den zauberischen »Ferrarigarten«, der auch ein gutes Bühnenbild für eines der Theaterstücke des Multitalents abgegeben hätte. Eines davon – »Die Buffi von Štanjel« – wurde vor dieser leichtfüßig und komödiantisch anmutenden Kulisse erst unlängst auch tatsächlich zwischen künstlich angelegtem Teich, Wasserfontäne, verzaubertem Pavillon und venezianischer Brücke aufgeführt.

Als ich zuletzt den 2001 eröffneten Fabianiweg rund um die alte Festungsstadt entlangspazierte und schließlich im Ferrarigarten ankam, war – wie häufig – gerade eine Hochzeit im Gange, und zwei aus Ungarn stammende Zigeuner spielten Wiener Operettenlieder.

Ach, Mitteleuropa!

Wolfszeit, Ziegenzeit

Monrupino ist überall. Der Grenzübergang zwischen Italien und Slowenien ist mit seinem exponiert gelegenen Marienkirchlein aus dem Jahre 1512 bis weit in die Hochebene des Karst hinein sichtbar. Auch Miliboj Žerjal schaut, wenn er in aller Herrgottsfrüh aus seinem Steinhaus in den Innenhof tritt, über dessen Außenmauer hinweg genau in diese Richtung.

Doch die Gefahr für seine Schützlinge lauert nicht westlich, in Italien, dort, wo das Meer liegt. Die Gefahr kommt von dort, wo auch die Burja ihren Ausgang nimmt: aus dem Nordosten.

»Ja, es gibt schon noch Wölfe im Karst«, sagt Miliboj, der es wissen muss, da er doch von Berufs wegen der Vater der sieben Geißlein ist. In Wahrheit sind es natürlich viel mehr als nur die märchenhaften sieben. Miliboj Žerjal wacht, unterstützt von einem altersschwachen Hirtenhund, »der zwar mitunter noch wach ist, aber keinen mehr schützt«, über gezählte 130 Ziegen und 60 Kitze. Rund dreißig seiner Schützlinge kommen ihm alljährlich abhanden. »Dabei ist es nicht nur der Wolf, der den Tieren gefährlich wird«, sagt Miliboj. »Ziegen haben viele mächtige Feinde: den Luchs, den Bären – vor allem aber die verwildert lebenden Hunde«, entdomestizierte Haustiere, die sich, was man auch ihrem nächtlichen Heulen deutlich anmerkt, wieder wölflings zurückentwickelt haben.

Für seine Tiere stehen Miliboj rund 120 Hektar Land zur Verfügung. Das ist ein knapper Hektar, also ein veritables kleines Königreich, für jede Ziege. Nur fünf Hektar davon gehören Žerjal selbst, den Rest hat er von Freunden gepachtet, die über den Pachtzins – wie in jenen archaischen Zeiten, als das Geld noch nicht erfunden war, nicht lang reden – sondern ihn einfach dankbar in Form von Ziegenkäse-Kontingenten entgegennehmen.

Die Freunde machen damit keineswegs ein schlechtes Geschäft. Denn Žerjals Ziegenkäse zählt zum Allerfeinsten, was Sloweniens aufstrebende Milchwirtschaft gegenwärtig zu bieten hat, und das, obwohl Miliboj weder Hirte noch Molkereifachmann ist. Als »seine«

Fabrik, in der Žerjal als Arbeiter tätig war, 1981 ihre Pforten schloss, hat sich der ehemalige Schlosser auf die Zucht von Milchziegen spezialisiert. Aus deren Milch produziert Miliboj alljährlich immerhin vier Tonnen Ziegenkäse, der sich bei der Spitzengastronomie und im Delikatessenhandel höchsten Ansehens erfreut. Dabei erzeugt Žerjal gerade vier Sorten Käse: einen anderthalb Jahre gereiften Hartkäse aus Rohmilch, einen halbfesten Schnittkäse von säuerlich-delikater Würze und hoher Delikatesse sowie zwei Arten von Skuta, dem begehrten Ziegenricotta des Hauses, den Miliboj als süßen Slatka skua und als säuerlich-pikanten Kisla Skuta anbietet.

Ebenso beliebt wie Žerjals Ziegenkäse ist das Fleisch seiner Milchziegen, mit dem er ebenfalls vorzugsweise die besten Restaurants Sloweniens versorgt. Milibojs liebstes Kitzrezept ist allerdings gar nicht »spitzengastronomisch«, sondern, wie alle guten Karstrezepte, ziemlich einfach: Miliboj brät das Kitz nur mit Meersalz, Olivenöl und vielen Zwiebeln. Je nach Größe des Stücks gart er das Kitz dann anderthalb bis zwei Stunden im Ofen, wobei er das Fleisch zunächst zugedeckt schmort und den Deckel erst am Schluss entfernt, damit das Fleisch eine gute Bräunung erfährt.

Kräuter braucht er gar keine hinzuzufügen, denn von denen haben Milibojs Schützlinge schon zu Lebzeiten genug verzehrt, um ihr Aroma gewissermaßen als Morgengabe für den Koch noch auf den Teller zu bringen. Denn merke: »Der Karst ist eine Landschaft, die immer gut riecht und gut schmeckt«, sagt Miliboj. »Das merken zuerst die Ziegen, aber irgendwann merkt es auch der Gast.«

Die Narren von Tomaj

Tomaj ist unter Literaturfreunden als jener Ort bekannt, in dem Srečko Kosovel, der vielleicht bildkräftigste und visionärste unter den zahlreichen Canzonieri des Karst, am 25. Mai 1926 im Alter von nur 22 Jahren verstarb, nachdem er die verschlungenen Wege seiner Heimat »still zwischen Leben und Tod« zurückgelegt und dabei resignativ festgestellt hatte, dass »der Mensch geht, während die Bäume um ihn bluten und schweigen«.

Besonders viel hat sich in Tomaj seit damals nicht geändert. Nur die alte Asphaltkegelbahn hat mittlerweile Risse bekommen, und die zwei übrig gebliebenen Anzeigetafeln sind auch abgesplittert. Gleich daneben ist eine scharfe Kurve, an der das Gasthaus Tomaj liegt. Die Kurve ist bemerkenswert. Sie erweist sich nicht nur als stetige Herausforderung für schnittige Autofahrer, sondern auch als Medium zur Selbstkontrolle für alkoholisierte Wirtshausgäste – wobei keineswegs verschwiegen werden soll, dass dieser Test auch letal ausgehen kann.

Die Gostilna Tomaj ist Trafik, Bar und psychiatrisches Beratungszentrum der Ortschaft. Außerdem wird, wie die kleine, aber recht attraktive Speisekarte erahnen lässt, gut gekocht hier: Pastitio mit Porree, Spinatkaneloni, Njoki, geröstete Leber. Čevapčiči, Raznjiči, Laibacher Schnitzel (ein Cordon Bleu, das im Karst allerdings nicht wie sonst üblich mit Pressschinken, sondern mit Pršut zubereitet wird). Und je tiefer es in den Winter geht, desto mehr wird von Andreja Pavlovič, der umsichtigen Chefin des Hauses, mit Innereien geschweinigelt. Auch die frisch aus dem Ofen servierte Gibanica ist, da sehr nahrhaft, eher ein Wintermärchen als ein Sommernachtstraum.

Andreja Pavlovičs kommunikative Schenke ist sicher kein Ziel für Gastrotouristen, auch wenn diese, so sie schon einmal hier einfallen, dennoch wohlgelitten sind. Der Schankraum der Gostilna bleibt auch mit dem einen oder anderen Eindringling die Einheimischenschenke schlechthin. Hier findet man auch noch um Mitternacht viel buntes, fernsehendes, wild diskutierendes und gestikulierendes Volk, das vor allem auch Frau Pavlovićs exzellenten Espresso zu schätzen weiß.

Was nicht bedeutet, dass man die Gostilna Tomaj in erster Linie wegen des Espressos aufsuchen sollte. Eher schon werden hier die Worte von Kosovels Dichterkollegen France Prešeren in die Tat umgesetzt: »Ich kenne Menschen hier und dort, die sich gepflegt betrinken, um unter den Narren zu überleben.«

Das Haupt auf dem Kissen

Zurück zum Ausgangspunkt. Zurück zum Wasser. Zurück an den Zirknitzer See, jenem paradiesischen Stück Landschaft, an dem dieses kleine Karstjournal seinen Ausgang fand. Im Hintergrund leuchtet, wie auf einem alten Aquarell, der bezuckerte Snežnik, der Krainer Schneeberg. Die Landschaft könnte Mörikes Orplid ebenso entstammen wie Lederstrumpfs Biberburgsee oder Karl Mays Silbersee, es könnte sich aber genauso gut um einen sibirischen Steppen-, einen schottischen Hochmoor- oder einen chinesischen Kurtisanensee handeln.

Die Zirkitzner Farbskala reduziert sich im Sommer auf Grün und Blau. Sobald der Zirkitzner See sein Wasser allmählich an seine karstigen Eingeweide verliert, nutzen die Bauern das fruchtbare Schwemmland, um allerlei Gemüse anzubauen. Steigt das Wasser jedoch wieder auf und füllt langsam die dafür vorgesehenen Becken, so wird der See zur anschaulichen Antithese zum Karst und verhält sich dazu wie der Fels zum Wasser: abwartend.

Kleine Inseln gleiten dann wie Schiffe auf den sanft gekräuselten Wellen, und Bäume lassen sich vom Wind durch die Strömung tragen. Auch ein paar Segler findet man, gelegentlich sogar einen Kitesurfer, und knorrige Baumruinen mit sprechenden Gesichtern gibt es an den mobilen Ufern dieses wandelsamen Sees noch mehr als bei Walt Disney.

Ob es im See, wie zu Valvasors Zeiten, auch noch Fische gibt, darüber scheiden sich heute die Geister. Katarina Logar würde, beteuert sie, gerne welche zubereiten, wenn sie nur welche bekäme und der See nicht hoffnungslos leer gefischt wäre. Doch der Mann, der auf seinem Traktor die Insel Otik durchmisst, die den See in zwei Hälften teilt, meint, man treffe hier sehr wohl noch auf Aiteln, Äschen und Saiblinge, man müsse sie lediglich zu fangen verstehen.

Katarina Logar führt in Grahovo unweit des Sees ein Hiša, zu Deutsch Haus: die Turistična Kmetija Logar. Das Wort Haus ist ziemlich treffend, denn es handelt sich tatsächlich um ein Einfamilienhaus in einem eher pannonisch als slowenisch anmutenden Ortsverband. Wenn man die Türglocke drückt, so wird man von Katarina freundlich begrüßt und ins Wohnzimmer geführt, das sich von anderen Wohnzimmern vor allem dadurch unterscheidet, dass darin statt einem drei große Esstische stehen. Im Übrigen findet man, was man in Einfamilienhäusern halt so findet. Das Inventar reicht von der Angorakatze über die Plastik-Pietà bis zu einem Fernseher aus der Röhrenepoche. Ungewöhnlich ist lediglich der große Kachelofen mit der umlaufenden Holzbank, auf der früher vielleicht einmal ein Väterchen oder eine Muhme ihr Altenteil verbrachten und ihr müdes Haupt auf Spitzenkissen betteten.

Katarina, blond und mittleren Alters, erweist sich, von dem in aller gebotenen Strenge verhängten Rauchverbot einmal abgesehen, als sehr tolerant. Sie vermietet Zimmer und kocht, wie man so schön sagt, aus. Begonnen hat alles damit, dass sich früher an Feiertagen die weit verzweigte Familie traf, um sich von ihr bekochen zu lassen. Mittlerweile zählt jeder zu Katarinas Familie, der ihre Adresse oder Telefonnummer kennt.

Kochen hat Katarina nie gelernt. Sie konnte es, meint sie, in Wahrheit schon immer, doch sie tut es erst, seit sie geheiratet hat. Kochbücher verachtet sie, und sie braucht auch Freundinnen nicht nach Rezepten zu fragen: »Ich koche nur nach eigenen Rezepten«, sagt sie nicht ohne Stolz.

Getrunken wird Hauswein und gegessen, was in großen Schüsseln und auf geräumigen Platten auf den Tisch kommt. Den Spargel für die Suppe hat Katarina selbst gestochen, das Brot dazu selbst gebacken. Der Truthahn ist marktfrisch, der leicht gesalzene Topfenstrudel dazu – ebenso wie die elysischen Nusspotitzen – hausgemacht.

Eines der Kissen am Kamin ist mit einem Spruch bestickt: »Warum sind wir Karstbewohner so glücklich? – Weil es uns gut geht.«

Das Wasser kommt

»Weil es uns gut geht.« Das sollte der Schlusssatz dieses Karstjournals sein.

Doch dann verweilte ich, kurz bevor das Manuskript fällig war, ein paar Tage in Zürich, das sich zum Karst, seinen Menschen, Weinen, Küchen und Landschaften, in vieler Hinsicht verhält wie Sylt zu Sansibar. Ich bummelte durch die Neustadtgasse und hielt vor dem Buchantiquariat Benz gleich hinter der Zwingli-Kirche inne. Plötzlich fand ich mich vor einer riesenhaften, allerdings minutiös lithographierten Schautafel wieder, die aus einem Leipziger Schulbilderverlag und wohl aus der ersten Hälfte des neunzehnten Jahrhunderts stammte. Zumindest ließ die Kleidung der beiden Protagonisten darauf schließen, eines reisenden Ehepaars, das sich, sie mit Stockschirm, er mit Alpenstock ausgerüstet, von einem Fremdenführer durch die Adelsberger Grotte führen ließ. Märchenhaft wie Riesen und Zwerge wirkten die Steinfiguren und Stalagmiten, schaurig die von der Höhe herabwachsenden Stalaktiten im Schein der Fackeln, die von drei Dienern geschwenkt wurden und riesenhafte Rauchsäulen verursachten, die sich gerade in Höhlengeister zu verwandeln schienen.

»Sonst fallen die Flüsse von den Bergen, hier fällt der Fluss in den Berg«, schrieb Joseph Freiherr von Hammer-Purgstall, dem sich diese Grotte wohl zu ähnlicher Zeit auf ähnliche Weise wie auf meinem Schaubild erschloss.

Joško Renčel fiel mir ein, der Großmeister des Terán, der mir noch wenige Wochen zuvor gestanden hatte, dass seine wahre Sehnsucht bei aller erklärten Liebe zum Rebensaft doch nicht der Wein sei, sondern letztlich in der Hoffnung bestehe, eine Grotte zu finden. Es handle sich dabei, so meinte Renčel, um eine Sehnsucht, die er mit vielen Karstnern teile. Manche von ihnen kauften sich einen Grund für ein Einfamilienhaus hauptsächlich in der Hoffnung, so lange in die Tiefe graben zu können, bis sie endlich auf eine Grotte stießen.

»Jeder Karstner träumt von einer Grotte«, hatte Joško gesagt und nachdenklich hinzugefügt: »Das hängt vielleicht damit zusammen, dass wir alle in der Nacht vom Wasser träumen.«

Rezepte

Giardinetto – Karstplatte

Für diesen in jeder noch so kleinen Gostilna erhältlichen Klassiker der Vorspeisenkultur im Karst bedarf es keiner besonderen Rezepturen, sondern lediglich allerbester Zutaten: Im Zentrum steht der Pršut, der traditionell nicht mit der Maschine, sondern mit einem scharfen Messer geschnitten wird. Dazu kommen andere Rohwurstwaren wie Salami und gelegentlich auch etwas hausgemachte Sulz oder Ziegenkäse. Dazu trinkt man entweder Vitovska, Terán sowie Traubenschnaps oder Wacholderbrand.

Zutaten

- 200 g getrocknete Borlotti-Bohnen (rot gesprenkelt)
- 500 g Sauerkraut
- 2 Kartoffeln
- 100 ml Karst-Olivenöl (Extra vergine)
- 3 Knoblauchzehen
- 40 g Mehl
- 300 g Frühstücksspeck
- 2 Lorbeerblätter
- 1 Msp. Kümmelpulver
- Salz, Pfeffer

Jota – Sauerkrautsuppe mit Kartoffeln, Speck und Bohnen

verkostet in der Gostilna Tomaj

Zubereitung: Bohnen mit kaltem Wasser bedecken und über Nacht weichen. Wasser wechseln und Bohnen darin mindestens 1 Stunde lang kochen. Kartoffeln schälen, in Würfel schneiden, zugeben und 20 Minuten weiterköcheln lassen. Inzwischen in einem anderen Topf die fein gehackten Knoblauchzehen und das Mehl in Öl anrösten, bis eine hellbraune Einbrenn entsteht. Sauerkraut, würfelig geschnittenen Speck, Kümmelpulver und Lorbeerblätter hinzufügen, alles mit Wasser bedecken, mit Salz und Pfeffer würzen und so lange kochen, bis sich die Flüssigkeit nahezu gänzlich verflüchtigt hat. Das auf diese Weise gekochte Sauerkraut zu den Bohnen und Kartoffeln geben und mit diesen gemeinsam weitere 20 Minuten kochen. Salzen, pfeffern und über Nacht stehen lassen. Erst am nächsten Tag wieder aufwärmen. Dann ist die Jota fertig.

Zutaten

- 250 g Mehl Typ 480
- 1 EL Karst-Olivenöl (Extra vergine)
- 1 Eiklar
- 125 ml lauwarmes Wasser
- 1 Prise Salz
- 1 Spritzer Weinessig
- Öl zum Bestreichen

Für die Fülle:

- 500 g pochierter und ausgedrückter Blattspinat
- Salz
- Pfeffer
- 2–3 Eier
- 2 EL Semmelbrösel
- 10 g flüssige Butter
- frisch geriebene Muskatnuss
- 125 ml Bratensaft

Spinatstruklji – Gekochter Spinatstrudel

verkostet in der Turistična Kmetija Bezek

Zubereitung: Aus Mehl, Öl, Eiklar, Wasser, Salz und Essig einen klassischen Strudelteig zubereiten und gut durchkneten. Den Teig rundum mit einem hauchdünnen Ölfilm überziehen und eine Stunde rasten lassen. Danach vorsichtig ausziehen. Für die Fülle den ausgedrückten Spinat grob hacken und mit Salz, Pfeffer, Eiern, Semmelbröseln, Butter und Muskatnuss vermischen. Die Fülle auftragen, den Teig straff einrollen und an den Enden gut verschließen. Den Strudel in nasse Küchentücher wickeln und die Enden gut abdrehen. Je etwa 20 Minuten auf der einen und auf der anderen Seite in ausreichend heißem Wasser kochen. Danach portionsweise aufschneiden und mit etwas Bratensaft begossen heiß servieren.

Zutaten

400 g Tagliatelle oder Tagliolini
200 g wilder Spargel
80 g Zwiebeln
80 g Pršut
1 dl Weißwein
Petersilie
Knoblauch
Salz
Pfeffer
1 TL Butter
frisch geriebener Parmesan
2 EL Olivenöl

Tagliatelle mit wildem Spargel

verkostet bei Spacapan

Zubereitung: Die Pasta in ausreichend viel Salzwasser al dente kochen. In der Zwischenzeit die Sauce vorbereiten. Dafür die Zwiebeln in Scheiben schneiden und in Olivenöl anrösten. Zugeputzten, grob geschnittenen Spargel sowie fein gehackten Pršut hinzufügen und noch ein wenig mitrösten. Mit Weißwein aufgießen, dann mit Knoblauch, Petersilie, Butter, Salz, Pfeffer und Parmesan abschmecken. Die Sauce ist fertig, wenn der Spargel biegsam, aber noch bissfest ist. Pasta abtropfen lassen, auf vorgewärmten Tellern anrichten. Sauce darüber nappieren (gießen) und heiß servieren.

Zutaten

- 8 frische Sardellen
- Salzwasser
- Rotweinessig
- 1 EL in Salz eingelegte Kapern
- Orangen- und Zitronenschale
- 1 EL Honig
- 2 - 3 EL natives, kaltgepresstes Olivenöl

Giardinetto di mare (Allerlei aus dem Meer)

verkostet in der Osteria Il Pettirosso

Marinierte Sardellen

4 frische Sardellen putzen und auslösen, mithilfe eines Tourniermesser von der Bauchseite her öffnen und die Mittelgräte entfernen. Danach die Sardellen in eine Salzlake aus 1/3 Salzwasser (gesättigte Lösung) und 2/3 Rotweinessig legen und, von dieser Flüssigkeit gänzlich bedeckt, drei bis vier Stunden ziehen lassen. Danach gut abtropfen lassen und vor dem Servieren nochmals mit Küchenkrepp trocken tupfen.

Sardellen in Kapern-Honig-Salsa

4 frische Sardellen wie oben erklärt marinieren und trocken tupfen. Aus 1 EL in Salz eingelegten Kapern, Orangen- und Zitronenschale nach Geschmack, 5 cl trockenem Weißwein, 1 EL Honig und 2–3 EL nativem kaltgepresstem Olivenöl aus dem Karst eine Marinade anrühren und die Sardellen damit übergießen.

Zutaten

4 frische Sardellen
2 - 3 EL Tomatenmarkkonzentrat
1 TL Peperoncini
1 kleine, in Essig eingelegte Papirkaschote
1 Sardellenfilet
natives, kaltgepresstes Olivenöl
Worcestersauce
Salz

Sardellen in pikanter Salsa

4 frische Sardellen wie oben erklärt marinieren und trocken tupfen. Für die Marinade 2–3 EL Tomatenmarkkonzentrat mit 1 TL Peperoncini, 1 kleinen, in Essig eingelegten und grob gehackten Paprikaschote, nativem kaltgepresstem Olivenöl, 1 zerdrücktem Sardellenfilet, Salz und einem Spritzer Worcestersauce verrühren und die Sardellen damit überziehen.

500 g Miesmuscheln
3 - 4 Knoblauchzehen
4 EL Olivenöl
125 ml trockener Weißwein
1 - 2 EL Semmelbröseln
gehackte Petersilie

Miesmuschelsuppe

500 g gesäuberte Miesmuscheln mit 3–4 geschälten leicht angedrückten Knoblauchzehen in 4 EL Olivenöl kurz andünsten. Mit 125 ml trockenem Weißwein (z. B. Vitovska oder Malvasia) aufgießen und die Pfanne mit einem Deckel gut verschließen. Nach wenigen Minuten sollten sich alle Muscheln geöffnet haben. Die Muscheln mit einer Schaumkelle aus dem Saft heben und in eine vorgewärmte tiefe Schüssel geben. Den verbliebenen Saft noch mit 1–2 EL Semmelbröseln und gehackter Petersilie kurz einkochen lassen und über die Muscheln gießen.

Zutaten

1 ganzer Octopus (mind. 1 kg)
Essig
schwarze Pfefferkörner
1 kleines Lorbeerblatt
Meersalz
Cocktailtomaten
Pesto genovese

Carpaccio vom Octopus

Etliche schwarze Pfefferkörner, 1 kleines Lorbeerblatt und etwas Meersalz ca. 20 Minuten lang in einer Mischung aus 400 ml Rotweinessig und 800 ml Wasser köcheln lassen. Dann einen ganzen Octopus von mindestens 1 kg Gewicht in den Sud einlegen, aufkochen lassen und 15–20 Minuten weich kochen. Den gekochten Octopus aus der Brühe heben, Mundstück und »Innenleben« ausnehmen und den Octopus in einen zylindrischen Behälter geben, den das Octopusfleisch ganz knapp ausfüllen sollte. Mit einem Gewicht beschwert in den Kühlschrank stellen und gut auspressen. Später aus der Form nehmen, in sehr dünne Scheiben schneiden und mit Pesto genovese und frischen Cocktailtomaten anrichten.

Tipp: Es lohnt sich, für dieses Gericht gleich mehrere Octopusse zu verkochen. Das Kochwasser muss dabei in jedem Fall aus 1 Teil Essig und 2 Teilen Wasser bestehen.

Zutaten

800 g Tintenfische
Rotweinessig
schwarze Pfefferkörner
2 Lorbeerblätter
1 Knoblauchzehe
Salz
3 - 4 EL Olivenöl
Petersilie
Oliven
Kapern
eingelegte Paprikaschoten
Salatblätter

Tintenfische auf Salat

800 g Tintenfische in einer Brühe aus 50 % Wasser und 50 % Rotweinessig sowie etlichen schwarzen Pfefferkörnern, 2 Lorbeerblättern, 1 Knoblauchzehe und Salz je nach Größe der Calamari ein bis anderthalb Stunden köcheln lassen. Danach die Tintenfische aus dem Kochwasser heben, putzen und in 1–2 cm große Stücke schneiden. Mit einigen Esslöffeln vom Kochsud sowie 3–4 EL Olivenöl, grob gehackter Petersilie, entkernten und halbierten Oliven, Kapern und sauer eingelegten Paprikaschoten servieren. Je nach Geschmack mit gemischten Salatblättern garnieren.

Zutaten

250 g Kalbsbries
250 g Kalbsleber
250 g Kalbsnieren
4 EL Olivenöl
Meersalz, Pfeffer

Giardinetto von Kalbsinnereien

verkostet bei Suban in Triest

Zubereitung: Bries, Leber und Niere von Häuten und Strängen befreien, gut zuputzen und in gleichmäßig dicke Scheiben von ca. 8 mm schneiden. Innereien mit Olivenöl beträufeln und auf dem Holzkohlengrill oder unter der Grillschlange sehr scharf anbraten. Nach zwei Minuten wenden und weitere zwei Minuten braten. Mit frisch geschrotetem Pfeffer und Meersalz würzen. Gemischten Salat und Polentanocken oder Braterdäpfel dazu servieren.

Zutaten

- 1 Kaninchen von ca. 1200 g
- 2 Zwiebeln
- 250 ml natives, kaltgepresstes Olivenöl aus dem Karst
- Salz
- Pfeffer
- Karstkräuter (Rosmarin, Salbei, Thymian, wilder Fenchel, Majoran) nach Geschmack
- 500 ml trockener Weißwein
- Gemüse für die Garnitur (Karotten, Zucchini, Erbsen, Melanzane)
- 100 g Butter

Kaninchenbraten mit Gartengemüse und Karstkräutern

verkostet in der Gostilna Devetak

Zubereitung: Das Kaninchen in 6 Teile zerlegen. In einer geräumigen Kasserolle die Kaninchenstücke bei großer Hitze von beiden Seiten in Olivenöl goldbraun anbraten. Die geschälten Zwiebeln im Ganzen hinzufügen, salzen, pfeffern und mit den Kräutern würzen. Mit dem Weißwein und 1/2 Liter Wasser aufgießen und das Kaninchen langsam bei kleiner Hitze ungefähr 1 Stunde im geschlossenen Topf schmoren. Sobald das Fleisch gar ist, herausnehmen und in eine feuerfeste Form legen. Inzwischen die Gemüse separat knackig kochen und kurz bevor das Fleisch ins Backrohr geschoben wird, mit etwas von dessen Bratensaft begießen. Warm stellen. Das Kaninchen mit flüssiger Butter überziehen und bei sehr hoher Temperatur ca. 15 Minuten im Rohr braten, bis sich eine schöne Kruste gebildet hat. Inzwischen den abgeseihten Bratenfond bei großer Hitze stark reduzieren (einkochen lassen). Das Kaninchen mit dem Gemüse und der Sauce servieren.

Zutaten

350 g Schweinslungenbraten (Filet)
Butter zum Befetten der Form
Salz
Pfeffer
Kräuter (Salbei, Thymian, Rosmarin) nach Geschmack, 40 g
zerlassene Butter
5 g schwarze Trüffeln
3 EL Olivenöl
gekochte, feste Polenta als Beilage

Schweinsmedaillons mit schwarzen Trüffeln und gebratener Polenta

verkostet in der Gostilna Ruj

Zubereitung: Den Schweinslungenbraten im Ganzen beidseitig kurz anbraten und in eine mit zimmerwarmer Butter befettete Backform legen. Salzen und pfeffern sowie mit Kräutern würzen. Das gewürzte Fleisch im vorgeheizten Backofen auf niedrigster Temperatur (zirka 60 °C) etwa 150 Minuten braten. Inzwischen die Polenta nach Anleitung kochen, abkühlen lassen, aufschneiden und die Scheiben in heißem, aber nicht überhitztem Olivenöl beidseitig scharf anbraten. Zuletzt Medaillons aus dem Schweinslungenbraten schneiden, die Butter zerlassen, über das zartrosa Fleisch gießen und mit den geraspelten Trüffeln bestreuen. Mit den Polentascheiben servieren.

Zutaten

4 Fohlensteaks à 160 g
Meersalz
frisch geschroteter Pfeffer
1 Zweig Rosmarin
4 Knoblauchzehen
4 EL Olivenöl
4–6 eiskalte Butterstückchen und etwas Suppe für die Sauce

Für die Gnocchi:
500 g Kartoffeln
1 Ei
1 TL Salz
1 EL Öl
30 g Mehl
2 EL natives Olivenöl aus dem Karst
5 g istrische Trüffeln (je nach Saison)

Fohlensteaks mit getrüffelten Gnocchi

verkostet bei Skok

Zubereitung: Für die Gnocchi ganze, ungeschälte Kartoffeln in Salzwasser weich kochen, schälen, zerstampfen und auskühlen lassen. Mit Ei, Salz, Öl und Mehl zu einem Teig verkneten. Salzwasser in einem großen Topf zum Kochen bringen. Den gut durchgekneteten Teig in gleichmäßige Teile schneiden und diese dann auf einer bemehlten Unterlage zu Teigrollen auswalken. Die Teigrollen in gleichmäßige Gnocchi zerschneiden und in sprudelndem Wasser kochen, bis sie an die Oberfläche aufsteigen. Inzwischen die Fohlensteaks salzen und pfeffern. Olivenöl erhitzen, Steaks beidseitig je eine halbe Minute sehr scharf anbraten. Knoblauchzehen leicht einschneiden und gemeinsam mit dem Rosmarin mitbraten. Die Pfanne mit den Steaks in den vorgeheizten Ofen (190 °C) stellen, die Steaks je nach gewünschtem Garungspunkt 4 bis 8 Minuten darin weiter garen. Rosmarin und Knoblauch entfernen und Steaks anrichten. Bratensatz mit etwas Suppe lösen, aufkochen. Mit eiskalten Butterstückchen binden und über die Steaks gießen. Gnocchi abtropfen lassen, mit Öl beträufeln und Trüffeln darüber hobeln. Alles heiß servieren.

Zutaten

- 4 möglichst festfleischige Birnen
- 1/2 Stange Zimt
- abgeriebene Schale einer Zitrone
- 1 Pkt. Vanillezucker
- 50 g Zucker
- 1 Flasche Terán (ersatzweise ein anderer kräftiger Rotwein)
- 5 cl Rum
- Schlagobers zum Garnieren

Birnen in Terán

verkostet in der Gostilna Ukmar

Zubereitung: Die Birnen schälen, halbieren und das Kerngehäuse entfernen. Die Birnenhälften nebeneinander in eine Kasserolle legen und mit Terán bedecken. Zucker, Vanillezucker, Zimt und Zitronenschale hinzufügen und die Birnen knapp am Siedepunkt weich, aber noch bissfest kochen. Birnen abkühlen lassen und mit etwas Rum begießen Mit Schlagobers dekorieren.

Tipp: Zu diesem Gericht passt auch eine Kugel Vanilleeis sehr gut. Man kann die Birnenhälften auch mit etwas Teránmarmelade füllen.

Zutaten

4 EL Staubzucker
200 ml lauwarme Milch
25 g Germ
400 g glattes Mehl
4 EL geschmolzene Butter
1 Ei
3 Eidotter
1 Prise Salz
Ei zum Bestreichen
Mehl für die Arbeitsfläche
Staubzucker zum Bestreuen

für die Fülle:
300 g geschälte und gemahlene Walnüsse
200 ml Milch
100 g Zucker
1 Pkt. Vanillezucker
100 g Rosinen
Zitronenschale
150 g zerlassene Butter
1/16 l Schnaps oder Rum

Hochzeitsstrudel aus dem Karst

verkostet bei Milič

Zubereitung: Für den Vorteig ein Drittel des Zuckers in wenig warmer Milch auflösen. Germ und 2 EL Mehl einrühren, mit etwas Mehl bedecken und zugedeckt an einem warmen Ort so lange stehen lassen, bis sich an der Oberfläche Risse bilden. In einer Schüssel aus dem Vorteig, geschmolzener Butter, restlicher Milch, restlichem Zucker, Ei, Dottern und einer Prise Salz sowie dem restlichen Mehl einen geschmeidigen Germteig schlagen und diesen an einem warmen Ort aufgehen lassen, bis sich sein Volumen verdoppelt hat. Den Teig wieder zusammenschlagen und diesen Vorgang möglichst oft wiederholen. Beim »idealtypischen Hochzeitsstrudel« dauert das bis zu acht Stunden.

Inzwischen für die Fülle Walnüsse fein reiben und mit Milch und Zucker aufkochen. Rosinen, Zitronenschale, Vanillezucker, zerlassene Butter und Schnaps/Rum einrühren und die Masse abkühlen lassen.

Den Teig auf einer bemehlten Arbeitsfläche etwa 0,5 cm dick ausrollen, mit der Fülle bestreichen,

locker einrollen und noch einmal 1/2 Stunde gehen lassen. Am Schluss den Strudel auf ein befettetes oder mit Backpapier ausgelegtes Blech legen, mit versprudeltem Ei bestreichen und im vorgeheizten Backrohr bei 190 °C etwa 40 Minuten lang backen. Danach lässt man ihn auskühlen, bestreut ihn mit Staubzucker und schneidet ihn in Scheiben.

Tipp: In einer anderen Variante wird der Strudel in Geschirrtücher eingebunden und wie ein Serviettenknödel gekocht. Manchmal wird der Strudel auch aus echtem Strudelteig zubereitet, die Germteig-Variante ist jedoch die wesentlich populärere.

Adressen und Tipps

Ausgewählte Lokaltipps (Slowenischer Karst)

Gostilna Tomaj
SLO-6221 Dutovlje
Tomaj 12
Tel. 00386-5/7641858
R: Mi
Echte Einheimischenschenke mit Trafik, Bar, typischer Karstküche, herrlicher Jota und mütterlicher Wirtin.

Gostilna Ukmar
SLO-6221 Dutovlje 61
Tel. 00386-5/7642123
R: Mi, Do
Angeschlossen ist eine der besten Karst-Fleischereien, daher köstliches T-Bone bzw. Bistecca Fiorentina von Fohlen und Rind.

Turistična Kmetija Logar
SLO-1384 Grahovo
Žerovnica 16
Tel. 00386-1/7092071
Turistična Kmetija nahe dem legendenumwobenen Zirknitzer See; alles hausgemacht; Rauchverbot.

Gostilna Špacapan
SLO-6223 Komen 85
Tel. 00386-5/7660400, Fax: 7660401
R: Mo, Di
Gemütliche Karstschenke mit guter Küche, viel Wild und köstlichen Strudeln. Hervorragend: die Birne in Terán.

Gostilna Trost
SLO-6240 Kozina
Rodik 97
Tel. 00386-5/6801200
Eines der wenigen guten Restaurants mit Meeresküche im slowenischen Hinterland.

Okrepčevalnica Ruj
SLO-6221 Dutovlje
Dol pri Vogljah 10
Tel. 00386-5/7341720
Peter Patajac ist einer der talentiertesten jungen Köche Sloweniens.

Gostilna Ravbar
SLO-6221 Dutovlje
Dol pri Vogljah 5
Tel. 00386-5/7346180

Gostilna Apolonia
SLO-6210 Sežana
Šmarje pri Sežani 79
Tel. 00386-5/7345515
R: Di, Mi
Modernes und elegantes Fisch- und Seafoodrestaurant, Spezialität: Fischsuppe und köstliche Desserts.

Kmečki Turizem Bezek
SLO-6210 Sežana
Šepulje 7
Tel. 00386-5/7642096
Osmizza vom Feinsten (wenn man von der Toilette einmal absieht). Highlights: Jota, weiße und grüne Gnocchi, Tris, Palatschinken mit hausgemachter Teránmarmelade (Öffnungszeiten auf Anfrage).

Gostilna Grgič
SLO-6210 Sežana
Tel. 00386-5/7301650
Alte, aber sehr gepflegte Schenke an der Eisenbahn von Ljubljana nach Triest; exzellenter Karstschinken, vorzügliches geschmortes Karstlamm sowie saftiges Roastbeef in Terán.

Gostilna Skok
SLO-6210 Sežana
Štorje 27
Tel. 00386-5/7865409
Sehr hübsch renoviertes Lokal, in dem eine alteingesessene Kutscherfamilie neben getrüffelten Gnocchi und Jota auch Pferdefleischspezialitäten serviert.

Gostilna Šajna
SLO-6210 Sežana
Šepulje 33 (Domačija Šajna s prenočišči)
Tel. 00386-5/7641096
Stolzer alter Gutshof mit komfortabler Wohnmöglichkeit und guter Karst- sowie Meeresküche.

Osmica pri Škrkovih
SLO-6210 Sežana
Gradnje 9
Tel.: 00386-5/7686210
Urtümliche Osmizza mit hausgemachten Fleischwaren und slowenischem »Schwammerlmonopol« (Öffnungszeiten auf Anfrage).

Izletniska Kmetija Grča
SLO-6222 Štanjel
Hruševica 6
Tel.: 00386-5/7690224
Große Osmizza mit attraktivem kulinarischen Angebot (Einbrennbohnen mit Wurst, Kaninchen und Spanferkel aus dem Ofen, Teránsorbet, Zwetschkenknödel). Viele gute Weine, auch autochthone Sorten aus dem Vipava-Tal.

Ausgewählte Winzertipps (Slowenischer Karst)

Joško Renčel
SLO-6221 Dutovlje 24
Tel. 00386-5/7640012
Der »König des Terán« macht auch exzellente Weißweine und Pinot Noirs.

Branko & Vasja Čotar
SLO-6223 Komen
Gorjansko 18
Tel. 00386-5/7668028
Bemerkenswert schöner Weinkeller, in dem auf Vorbestellung auch ausgekocht wird. Ausgezeichneter Terán, aber auch Vitovska, Chardonnay, Malvasia und Cabernet Sauvignon. Spezialität des Hauses ist die Terra-rossa-Cuvée, die fünfzig Monate lang im Eichenfass gelagert wird.

Marko Fon
SLO-6223 Komen
Brje pri Gorjansko 3a
Tel. 00386-5/7668783
Aufstrebender junger Winzer mit exzellentem Terán, Vitovska, Malvasia sowie kleiner, aber feiner Pršut-Produktion.

Rado Ravbar
SLO-6221 Dutovlje
Voglje 15
Tel. 00386-5/7346182
Guter Terán-Winzer mit angeschlossener Schinkenräucherei.

Jožef Jazbec und Silva Zlobec Jazbec
SLO-6222 Štanjel
Tupelče 21
Tel. 00386-5/57691060
Sloweniens einzige Terán-Sektkellerei mit vielen weiteren önologischen Schätzen im sehenswerten Weinkeller.

Ausgewählte Lokaltipps (Italienischer Karst)

Gostilna Branco Peric
I-34070 Doberdò del Lago
Ortsteil Marcottini
Via Preseren 10
Tel. 0039-0 481/78117
R: Mi abends, Do
Sehr einfaches, aber stimmiges Karst-Restaurant mit schönen Fayencen im Speisesaal und typischer Küche wie Rollgerste mit eingelegten weißen Rüben.

Alla dama bianca
I-34013 Duino Porto 61/C
Tel. 0039-0 40/208137
Malerisches Hafenlokal direkt in der Bucht von Duino mit lauschigen Meerblick-Zimmern. Das benachbarte »Al Cavalluccio« ist auch nicht übel.

Trattoria Gostilna Gruden
I-Duino Aurisina Prepotto
San Pelagio 49
Tel. 0039-0 40/200151
Traditionsbetrieb mit schöner Terrasse, gut verdaulicher Jota, hausgemachten Crespelle, Stinco di Vitello und Caiserfleish.

Locanda Mario
I-34013 Draga S. Elia (Basovizza) bei Triest
Tel. 0039-0 40/228173
R: Di
Etwas abgeschiedene Lokalität mit Frosch- und Schneckenspezialitäten sowie einer schönen Auswahl an Karst-Olivenölen und Karst-Weinen.

Osteria Il Pettirosso
Santa Croce 16
Tel. 0039-0 40/220619
R: Do
Meerestrattoria auf halber Strecke zwischen Miramare und Monfalcone mit ausgezeichneter Küche und köstlichen Mehlspeisen.

Trattoria-Gostilna Devetak
I-34070 Savogna d'Isonzo
San Michele del Carso 48
Tel. 0039-0 481/882005 od. 882488
R: Mo, Di
Über 130 Jahre alte Muster-Gostilna mit innovativ-traditioneller Karstküche (Selinka, Bleki, Orzotto, Gibaniza) sowie exzellenter Wein- und Edelbrandkultur.

Antipastoteca di Mare
(Alla Voglia)
I-34100 Trieste
Via delle Fornace 1
Tel. 0039-0 40/309606
Alte Fisch-Osteria an der Winckelmann-Stiege mit Hafenkneipen-Atmosphäre und Wein vom Fass.

Buffet da Pepi
I-34100 Trieste
Via Cassa di Risparmio 3
Tel. 0039-0 40/366858
R: So
Berühmtester Vertreter des klassischen Triestiner Buffets. Spezialität: das Schwein von Kopf bis Fuß.

Azienda Agricola-Kmetija Milic (Zagrski)
Sgonico-Trieste
Sagrado 2
Tel. 0039-0 40/229383 od. 2296735
od. 0039-333/6804874
Fr–So geöffnet
(Ruhetage bitte telefonisch erfragen). Eine der bekanntesten und atmosphärischsten Osmizze von Triest, Fleisch und Wein aus »Eigenbau«, Holzkohlengrill, köstliche Strudel.

Krizman
I-34100 Trieste
Rupingrande 76
Tel. 0039-0 40/327115
www.hotelkriznab.com
R: Mi, Do mittags
Typisches Wild- und Fleischlokal. Schattige Terrasse unter uraltem Weinstock. Schöne Weinauswahl.

Ritrovo all Marittimo
Via Lazaretto Vecchio 3
Tel. 0039-0 40/3011377
R: So, Mo
Hübsche Meerestrattoria, in der ein Seebär aus den Niederlanden sehr gut aufkocht.

Scabar
I-34137 Trieste
Erta S. Anna 63
Tel. 039-0 40/810368
R: Mo
Ami Scabars Kultlokal mit unverfälscht-raffinierter Triestiner Küche und köstlichen Weinen.

Siora Rosa
I-34122 Trieste
Piazza Hortis 3
Tel. 0039-0 40/301460
Eines der besten Triestiner Buffets. Spezialität: fünferlei Sorten Birra alla spina und Prager Schinken in Brotteig mit Senf, Kraut und Kren.

Suban
I-34100 Trieste
Via Comici 2
Tel. 0039-0 40/54368
Eines der ältesten und traditionsreichsten Karstlokale. Spezialität: gegrillte Kalbsinnereien, Fusi mit Caiserfleisch, Apfelstrudel.

Ausgewählte Winzertipps (Italienischer Karst)

Edi Kante
Azienda Agricola
I-34011 Duino Aurisina
Locanda Prepotto 1/A
Tel. 0039-040/200255
Bekanntester Karst-Winzer, macht hervorragenden Vitovska und Malvasia, aber auch Weine internationaler Stilistik.

Benjamin Zidarich
I-34011 Duino Aurisina
Locanda Prepotto 23
Tel. 0039-040/201223
Exzellenter Vitovska und spannende Weißwein-Cuvées (z.B. Prulke).

Vodopivec
I-34010 Sgonico
Loc. Colludrozza 4
Tel. 0039-040/229181
Der Winzer, der ausgerechnet auf den Namen »Wassertrinker« hört, macht regelmäßig einen der besten Vitovskas jedes Jahrgangs.

Ortsregister

TRIESTE
(TRST)
FO DI TRIESTE
TRŽAŠKI ZALIV
ANZANO
Sistiana
Sesljan
Visogliano
Vižovlje
Malchina
Mavhinje
Ceroglie del Ermadda
Cerovlje
Slivia
Slivno
San Pelágio
Sempolaj
Prepotto
Praprot
M. S. Leonardo
Sv. Lenart
Samatorza
Samatorca
Aurisina
Nabrežina
M. Babiza
Bristie
Brišče
Sgonico
Zgonik
Sáles
Salež
Santa Croce
Križ
M. S. Primo
Sv. Primož
Gabrovizza
San Primo
Gabrovec
Grinjano
(Grljan)
Prosecco
Prosek
Contovello
Kontovel
Rupinpiccolo
Repnič
Rupingrande
(Repen)
C. Pauliano
Pavlin vrh
Borgo Grotta Gigante
Brišćiki
VILLA OPICINA
OPČINE
BARCOLA
BARKOVLJE
Banne
Bani
GRETTA
GRETA
SCORCOLA
ŠKORKLJA
CHIADINO
KJADIN
Trebiciano
Trebče
Gropada
Padriciano
Padriče
Basovizza
Bazovica
Cattinara
Katinara
San Giuseppe
della Chiusa
Ricmanje
San Antonio
in Bosco
Boršt
Bagnoli
della Rosandra
Boljunec
Báia di Múggia
Miljski zaliv
Múggia
Milje
Rt. Roner
Punta Ronco
San Rocco
Sv. Rok
Zindis
Čindis
San Floriano
Sv. Florjan
Zaliv Sv. Jerneja
Baia di San Bartolomeo
Kolomban
Colombano
Aquilinia
(Žavlje)
San Dorligo
della Valle
Dolina
Sn Lorenco
Jezero
Grocana
Mihele
M. Kras
Beka
Klanec pri Kozini
Lipica
Orlek
SEŽANA
Židovnik
575
Merče
Žirje
Plešivica
Širok vrh
St. tabor
Vilenica
Lokev
Dolanja vas
Šmarje pri Sežani
Dane pri Sežani
Storje
Filipčje Brdo
Križ
Kreplje
Dutovlje
Tomaj
Godnje
Šepulje
Utovlje
Dobravlje
Kazlje
Skopo
Kopriva
Brje pri Koprivi
Kamna gorica
Krajna vas
Pliskovica
Veliki dol
Tublje pri Komnu
Brje pri Komnu
Škofi
Kregolišče
Kosovelje
Nadrožica
Gorjansko
Komen
Volčji grad
Gabrovica pri Komnu
Coljana
Tomačevica
Kobjeglava
Tupelče
Hruševica
Štanjel
Kobdilj
Ponikve
Avber
Mahniči
Gradnje
Selo
Štjak
Gradišče pri Štjaku
Bogo
Dolenje
Trebižani
Čehovini
Krtinovica
Ivanji Grad
Zagrajec
Brestovica pri Komnu
Klanec pri Komnu
Precenico
San Pelágio
Prečnik
Na Precnichi
(Dolski trn)
Jarovca
Podbreg
Draga
Nad lazami
Prelovec
Vogeljski bori
Voglje
Vrhovlje
Dol pri Vogljah
V. Medvedjak
Frankovec
Globojner
Gabrov hrib
Podbreška Sopada
Grahovo Brdo

Die Autoren

Christoph Wagner, geboren 1954 in Linz, studierte Germanistik, Anglistik und Kulturelles Management in Wien und spezialisierte sich als freier Autor auf die Kultur- und Sozialgeschichte des Essens und Trinkens sowie auf Essays und Features zur Kultur- und Landschaftsgeschichte Österreichs. Er war Chefredakteur von Gault-Millau Österreich (Guide und Magazin) sowie Mitarbeiter zahlreicher Zeitschriften. Zahlreiche Buchveröffentlichungen, u. a. »Die gute Küche«, »Lexikon der Wiener Küche«, »Mostviertel«, »Steirisches Himmelreich«, »Wachau«, »Salzkammergut«, »Mittelmeerküche«, »Köstliches Ungarn«.

Peter Kelih, geboren 1969 in Klagenfurt, arbeitet seit zehn Jahren als professioneller Photograph für Werbeagenturen und Magazine in den Bereichen Mode, Beauty und Portraits. Daneben findet er aber immer wieder auch gerne Zeit einfache, und vielleicht dadurch auch ehrlichere Reportagen für Buch- und Austellungsprojekte zu verwirklichen. Seine Arbeiten wurden unter anderen in New-York bei Graphis, in Deutschland bei Select, Cosmopolitan und Madame veröffentlicht. Buchprojekte für Giselbert Hoke, Karl Vouk, Eulenspiegel, etc...